Manipolazione e Psicologia Oscura

Impara l'Arte della Persuasione e della Manipolazione Influenzando le Persone con Tecniche di Controllo Mentale

DANIEL ROBINSON

Inoltre, le informazioni che si possono trovare all'interno delle pagine descritte qui di seguito devono essere considerate accurate e veritiere quando si tratta di raccontare i fatti. Come tale, qualsiasi uso, corretto o scorretto, delle informazioni fornite renderà l'editore libero da responsabilità per quanto riguarda le azioni intraprese al di fuori della sua diretta competenza. Indipendentemente da ciò, non ci sono scenari in cui l'autore originale o l'editore possono essere ritenuti responsabili in qualsiasi modo per eventuali danni o difficoltà che possono derivare da una qualsiasi delle informazioni qui discusse.

Inoltre, le informazioni nelle pagine seguenti sono intese solo per scopi informativi e dovrebbero quindi essere considerate come universali. Come si addice alla sua natura, sono presentate senza assicurazione riguardo alla loro validità prolungata o qualità provvisoria. I marchi di fabbrica che sono menzionati sono fatti senza consenso scritto e non possono in alcun modo essere considerati un'approvazione da parte del titolare del marchio.

Indice

MANIPOLAZIONE E PSICOLOGIA OSCURA

Introduzione

Congratulazioni per aver acquistato *Manipolazione e Psicologia Oscura*, e grazie per averlo fatto.

Pensate ad un episodio in cui qualcuno vi ha fatto sentire in colpa. Forse avete detto al vostro partner che eravate stanchi, ma siete stati chiamati al lavoro e non potete assolutamente andare a quella elaborata serata di anniversario che avevate pianificato per settimane. Fate un lavoro in cui siete cruciali, e non possono facilmente sostituirvi, e vi sentite come se non aveste altra scelta se non quella di andare. Il tuo partner, invece di essere comprensivo della situazione, ti guarda e sospira tristemente, dicendo: "Sai, non vedevo l'ora che arrivasse il nostro appuntamento. È già pagato e non rimborsabile, e non posso credere che tu debba lavorare il giorno del nostro anniversario quando l'hai richiesto due mesi fa". Il vostro partner sospira di nuovo e lentamente e tristemente inizia a togliersi scarpe e cappotto. Vi sentite incredibilmente in colpa mentre uscite dalla porta, ma non avete scelta. Siete stati solo la vittima di un tentativo di farvi sentire in colpa per non aver rifiutato di andare al lavoro quel giorno. Il senso di colpa è una forma di manipolazione comunemente usata, specialmente quando le persone vogliono far sentire male qualcun altro. Diranno cose che porteranno l'altra persona a sentirsi in colpa per aver rifiutato di fare qualcosa, non importa quanto ragionevole possa essere stato quel rifiuto, nel tentativo di forzare la mano dell'altra persona. Questo è più o meno ciò che la manipolazione cerca di fare - è progettata per far sentire l'altra persona colpevole e meno in controllo della situazione. Poiché il senso di colpa è un motivatore trainante per la maggior parte delle persone, quel senso di colpa è come una chiamata all'azione - un avvertimento che non state adempiendo ai vostri obblighi, e questo può essere sufficiente per il manipolatore per avere il sopravvento.

La manipolazione non si limita a infondere sentimenti di colpa, infatti ci sono molti altri modi comuni e molto più insidiosi di manipolare gli altri per ottenere ciò che si vuole. Si possono letteralmente controllare le menti se si sa come farlo e si può ottenere il giusto rapporto. Potete portare le persone a fare cose che non avreste mai pensato che sarebbero state disposte a fare. Puoi influenzare efficacemente le persone a fare praticamente qualsiasi cosa se sai cosa stai facendo.

All'interno di questo libro, vi verrà fornita una guida per riconoscere cos'è la manipolazione, perché avviene e come. Imparerete la persuasione, una forma secondaria di influenza che si concentra più sul convincere l'altra persona ad obbedire piuttosto che forzare la mano.

Ci sono molti libri su questo argomento sul mercato, grazie ancora per aver scelto questo! Ogni sforzo è stato fatto per garantire che sia pieno di informazioni il più possibile utili; godetevelo!

Capitolo 1: La Manipolazione

Forse una delle forme più comuni dell'uso della psicologia oscura è l'uso della manipolazione.

La manipolazione esiste principalmente in due forme: può essere nascosta, nel senso che avviene senza che l'individuo manipolato ne sia a conoscenza, o può essere palese e sotto gli occhi di tutti, come l'estorsione o il ricatto che comporta la minaccia e la coercizione dell'altra persona all'obbedienza, sapendo bene che deve obbedire o subirne le conseguenze.

In particolare, quelli della triade oscura tendono a preferire le forme segrete di manipolazione: vogliono essere in grado di fare il loro lavoro bene ed efficacemente senza preoccuparsi delle conseguenze. Pensano che i loro tentativi di manipolazione saranno più efficaci se rimangono nascosti, e per la maggior parte, hanno ragione.

Quando volete capire la manipolazione, dovete prima imparare a definire la manipolazione e come funziona. Quando capite questa definizione, potete iniziare a capire come viene usata per essere efficace. Una volta che capite il modello di come la manipolazione viene usata, potete iniziare a riconoscere diverse tattiche specificamente manipolative che sono comunemente usate. Nel riconoscere le tattiche comuni dei manipolatori, si può iniziare a riconoscere il manipolatore. Infine, riconoscendo il manipolatore, ci si può difendere dalla manipolazione.

Definire la manipolazione

La manipolazione psicologica è in definitiva una forma di influenza sociale, il che significa che sta cercando di avere successo in uno dei tre diversi obiettivi finali: Otterrà la conformità, in cui le persone accetteranno di fare qualcosa, anche se in realtà non credono che sia la cosa giusta da fare, otterrà l'identificazione, che cambierà i pensieri dell'altra persona, o otterrà l'interiorizzazione, in cui causerà un cambiamento nei valori o nel comportamento che è anche concordato pubblicamente e privatamente.

Conformità
- Obbedienza pubblica, anche se l'individuo non crede in quello che sta facendo

Identificazione
- L'individuo sceglie di fare qualcosa per essere uguale a qualcun altro

Internalizzazione
- Un cambiamento nei valori e nei comportamenti sia in pubblico che in privato

In effetti, quindi, la manipolazione cerca di cambiare le azioni, i pensieri o entrambi di qualcuno per adattarli a qualsiasi cosa il manipolatore stia incoraggiando. In particolare, però, la manipolazione tende ad essere indiretta, ingannevole o subdola. È progettata specificamente per cambiare i pensieri o il comportamento senza che l'altra persona ne sia consapevole, mentre serve anche il manipolatore in qualche modo.

Il più delle volte, il manipolatore ha una sorta di agenda che viene affrontata - quell'agenda diventa l'obiettivo di quel tentativo di manipolazione. Ethan voleva conquistare il favore di Anna, per esempio - ha fatto in modo di convincerla di essere qualcuno che non era perché vedeva qualcosa che gli piaceva in lei. Un narcisista può manipolare qualcuno perché vuole ottenere l'approvazione e il riconoscimento di cui ha bisogno per sentirsi a suo agio nella propria pelle. Il sadico può manipolare perché vuole infliggere dolore. Il machiavellico può manipolare perché vuole essere in grado di raggiungere un obiettivo finale e la manipolazione è l'unico modo per farlo.

Affinché la manipolazione abbia successo, non importa quale sia il suo obiettivo finale, devono essere soddisfatti tre criteri. L'aggressione deve essere nascosta in qualche modo, di solito con il manipolatore che sembra qualcuno degno di fiducia o degno di rispetto e considerazione. Il manipolatore deve avere una certa conoscenza pratica delle vulnerabilità che saranno sfruttate, capendo come meglio procedere per manipolare.

Infine, il manipolatore deve essere abbastanza spietato da non preoccuparsi di mentire e di ferire potenzialmente l'altra persona.

Immaginate per un momento Anna: giovane, che sta finendo il suo ultimo anno di università e single. È fuori con gli amici in un bar, e le sue altre due amiche hanno già incontrato persone con cui stanno chiacchierando animatamente. Anna, invece, è un po' più consapevole di sé. Non si sente al suo posto, e si siede tra le sue amiche, sorseggiando il suo drink. Poi lo vede.

L'uomo è bello e le sorride. Si avvicina e si offre di offrirle un drink. Dice che si chiama Ethan e che si è appena laureato l'anno scorso nella stessa università di Anna. Le fa qualche domanda non troppo indiscreta: è una studentessa? Cosa studia? Che coincidenza, anche lui si è laureato in economia! È della zona? Assolutamente no - è cresciuto a 30 minuti dalla sua città natale. Sembrano domande normali per Anna, lui sta imparando a conoscerla e sembra che abbiano diverse cose importanti in comune. Lei chiacchiera con lui, e presto, stanno parlando della sua relazione passata e di come sia stata incredibilmente incasinata, quindi lei non sta cercando niente al momento.

Invece di spaventarlo, lui annuisce con saggezza e riconosce che ha avuto una relazione con una donna particolarmente abusiva e narcisista non troppo tempo fa e che stava solo cercando qualcuno da conoscere come amici. Passano il resto della serata nel bar a chiacchierare allegramente, e quando Anna e i suoi amici sono pronti ad andare, lui sorride, le scrive il suo numero di telefono e dà loro la buonanotte.

Anna si ritrova bloccata - non può smettere di pensare a Ethan e a quanto avevano in comune. Presto gli manda dei messaggi, e scopre che non solo le loro vite sono parallele, ma che condividono anche degli hobby molto simili. Ad entrambi piace sedersi e leggere con una bella tazza di vino. Ad entrambi piace fare escursioni sulle montagne vicine. Entrambi condividono l'amore per i videogiochi.

13

Ben presto, Ethan è entrato completamente nella vita di Anna. Va a casa sua 5 o 6 giorni alla settimana e resta la notte almeno la metà delle volte, di solito si addormenta a metà di un film. Le porta dei fiori e la ricopre di attenzioni positive. Ama ascoltare per ore tutto quello che lei ha passato negli ultimi anni e offrire le sue opinioni come qualcuno che è stato in una relazione simile prima.

Anna dice a se stessa che lui è quello giusto. Lui è diverso. È gentile e premuroso. Sa ascoltare. Ben presto si ritrova innamorata di lui. Si innamorano velocemente l'uno dell'altra, e nel giro di tre mesi sono fidanzati - dopo tutto, sono anime gemelle. Sei mesi dopo, lei è incinta. Nove mesi dopo sono sposati. Poco prima che il bambino nasca, è come se fosse scattato un interruttore. Lui è cattivo e freddo. Scompare costantemente durante la notte al bar. La butta giù e quando lei piange, la definisce piagnona. È come se l'Ethan che lei ha conosciuto, amato e sposato, non fosse altro che una bugia.

All'inizio era perfettamente affascinante e Anna non ha mai sospettato nulla. Lui ha imparato a conoscerla, notando in particolare come lei abbia sofferto di una relazione abusiva in passato, cosa che ha usato per forzare una relazione. Ha approfittato di quel po' di conoscenza e poi l'ha incoraggiata a continuare a discutere di tutto e di più con lei, cosa che poi ha usato regolarmente contro di lei. Ogni volta che lei gli parlava di qualcosa di personale, lui lo ricordava e lo usava per continuare a costruire la relazione sempre di più. Infine, era disposto a farle del male, anche se la maggior parte delle persone di solito esiterebbe ed eviterebbe di farlo.

Usare la manipolazione

La maggior parte delle volte, la manipolazione avviene in modi molto specifici. Per manipolare qualcuno, dovete essere in grado di soddisfare uno dei cinque criteri da usare come motivatore. Ripensate alla discussione sul comportamentismo, in particolare con Skinner e la discussione sul rinforzo positivo e la punizione. È qui che questi concetti ritornano, ma in termini di manipolazione di altre persone per controllare i loro comportamenti, la maggior parte delle volte, ci sono cinque modi distinti di incoraggiare o scoraggiare il comportamento.

Installando artificialmente i comportamenti desiderati con una di queste tattiche, i comportamenti desiderati vengono appresi in modo relativamente semplice. In definitiva, si tratta di capire quale sia la migliore tattica particolare per quella situazione. Il manipolatore ha molto da considerare: la vittima è una persona timida e facilmente malleabile? Potrebbe rispondere meglio al rinforzo positivo o all'uso di rinforzi intermittenti. Ha la testa più dura? Potrebbe essere meglio provare ad utilizzare un apprendimento di una prova nel tentativo di condizionare la risposta desiderata.

I cinque modi distinti di controllare le vittime dei manipolatori sono attraverso l'uso di rinforzo positivo, rinforzo negativo, rinforzo intermittente, punizione e apprendimento traumatico di una prova. Ognuno di questi è usato in modi diversi con effetti diversi a seconda del bersaglio e dell'obiettivo desiderato.

Come nota veloce prima di continuare, ricordate che c'è una differenza intrinseca tra positivo e negativo, sia per quanto riguarda il rinforzo che la punizione. Quando aggiungete qualcosa, che sia buono o cattivo, si dice che state usando un rinforzo positivo o una punizione. Quando si rimuove o si toglie qualcosa, si usa un rinforzo negativo o una punizione. Questo varia dalla comprensione tradizionale di positivo e negativo nel senso più colloquiale, in cui le persone vedono le cose buone come positive e quelle cattive come negative. Dobbiamo superare questa percezione errata per essere veramente in grado di capire ciò di cui si sta discutendo mentre continuiamo.

Per esempio, se vostro figlio ha preso tutte A nell'ultima pagella, potete portarlo a prendere un gelato - questo è un esempio di rinforzo positivo. Se invece scoprite che vostro figlio è stato bocciato in tre classi, potreste dargli dei lavoretti extra fino a quando non avrà migliorato i suoi voti. Questo è un esempio di punizione positiva perché gli state dando attivamente uno stimolo positivo in risposta al suo cattivo comportamento. In alternativa, togliere a vostro figlio il sistema di videogiochi quando si rende conto che non riesce a seguire le lezioni sarebbe una forma di punizione negativa: gli state togliendo qualcosa di positivo. Infine, se state rimuovendo una situazione negativa, come ad esempio non assillare più vostro figlio dopo che vostro figlio si è impegnato a consegnare tutti i lavori mancanti è un esempio di rinforzo negativo - avete rimosso lo stimolo negativo per incoraggiare il comportamento che volevate.

In generale, il rinforzo positivo è di gran lunga la più delicata delle forme di manipolazione. Comporta l'uso di creare o dare un feedback alla vittima in qualche modo per incoraggiare un comportamento. Effettivamente, quando si verifica l'uso del rinforzo positivo, la vittima viene premiata per aver fatto il comportamento desiderato. Pensate a come un cane che sta ascoltando durante l'addestramento riceve una ricompensa - gli viene dato un piccolo premio per incoraggiare la ripetizione di quei comportamenti desiderati. Questo significa che è più probabile che continuino con quei comportamenti in futuro grazie al fatto che farli è diventato piacevole. Poiché il comportamento desiderato viene associato alla ricompensa, è più probabile che il comportamento venga ripetuto.

Il rinforzo negativo è più o meno il contrario: il comportamento aumenta perché qualcosa di negativo è stato rimosso. Immaginate di essere assillati dal vostro capo a finire quel compito per il lavoro - sarete alleviati da questo assillo costante solo quando avrete finito. In questo caso, siete stati rinforzati negativamente semplicemente perché la rimozione della situazione avversa è avvenuta.

Il rinforzo intermittente usa il rinforzo che è incoerente. In particolare, è più probabile che sia usato nella revoca occasionale di un rinforzo negativo. Per esempio, immaginiamo che Ethan si aspetti che Anna pulisca la casa da cima a fondo e raramente va abbastanza bene per lui, non importa quanto si sforzi. Quando lei pulisce, di tanto in tanto le viene concesso il beneficio di vederlo calmo, o per lo meno, non così scontroso. Occasionalmente, lui sceglie di ricompensarla quanto basta per tenerla all'amo, facendo in modo che lei non voglia andarsene. Invece, lei combatte più duramente perché vede la speranza occasionale che l'Ethan di cui si è innamorata è ancora lì.

La punizione è l'uso dell'aggiunta di qualcosa di spiacevole per dissuadere qualcuno dal comportarsi in un certo modo. Quando si punisce qualcuno, di solito si sta causando una conseguenza negativa di qualche tipo come risultato diretto di un comportamento, o una mancanza di un comportamento appropriato, al fine di mantenere la vittima sulla strada giusta.

Infine, l'apprendimento traumatico di una prova si riferisce all'uso di un abuso improvviso e duro che ha lo scopo di intimidire e traumatizzare la vittima affinché non ripeta più quelle tattiche in futuro. In effetti, la vittima fa qualcosa che non piace al manipolatore e quest'ultimo la punisce drasticamente. Se Anna avesse fatto qualcosa che Ethan non ha gradito, potrebbe decidere di lasciarla sul ciglio della strada o minacciare di prendere il loro bambino a brandelli per scoraggiarla fortemente dal ripetere quel comportamento. L'unico scopo di questo comportamento è quello di rendere la persona così traumatizzata che non ripeterà più quei comportamenti.

Riconoscere il manipolatore

Identificare il manipolatore è qualcosa che può essere incredibilmente difficile da fare. È difficile assicurarsi di poter individuare quando qualcun altro sta manipolando, ma essere in grado di farlo è incredibilmente vantaggioso. La conoscenza è potere e il potere è una giusta difesa dall'essere sfruttati inutilmente. Quando volete riconoscere e identificare un manipolatore, dovrete fondamentalmente cercare diversi tratti e azioni. Se volete essere in grado di sapere se l'altra parte vi sta, di fatto, manipolando, fermatevi a riflettere sulla vostra relazione. Non appena saprete cosa state cercando, scoprirete che diventano molto più trasparenti di quanto non lo siano mai stati prima.

I manipolatori mineranno la vostra capacità di fidarvi di voi stessi.

Una delle forme più comuni di manipolazione è conosciuta come gaslighting - lo usano per convincervi che quello che pensate stia succedendo intorno a voi è in realtà tutto frutto della vostra immaginazione. Anche se hanno fatto qualcosa di fronte a voi, come prendere l'ultimo pezzo di pizza con voi proprio lì, poi lo negheranno, dicendo che avete mangiato voi. Sono così abili a fare questo che potreste effettivamente iniziare a credergli, lasciandovi mettere in discussione la vostra sanità mentale.

I manipolatori dicono qualcosa di diverso da quello che stanno facendo.

Raramente le parole e le azioni del manipolatore coincidono. Quando si viene manipolati, si può scoprire che il manipolatore sta attivamente dicendo una cosa ma facendo l'esatto contrario. Forse Ethan dice di avere a cuore l'interesse di Anna, ma niente di quello che fa riflette effettivamente questo. Invece, spesso fa cose che probabilmente non sono nel suo migliore interesse. Quello che può dire è di assicurarsi che lei non mangi cibo malsano, in realtà è poco più di un tentativo di tenerla sotto il suo controllo, facendola sentire male e facendola cedere senza cercare attivamente di reagire.

Lei si sente regolarmente in colpa quando è vicino al manipolatore, e non sa spiegarlo.

Quando sei vicino al manipolatore, potresti scoprire che il senso di colpa diventa un evento comune. Non importa quanto duramente cerchiate di evitarlo, non potete fare a meno di sentire quel senso di colpa, nonostante i vostri migliori tentativi. Pensate alle cose e non riuscite a capire perché dovreste sentirvi in colpa, eppure siete lì, con la sensazione che avreste dovuto provare di più, fare meglio, o tentare qualcosa di completamente diverso. Questo non è un vostro difetto - se vi sentite costantemente in colpa, è il momento di rivalutare per determinare se siete semplicemente circondati da persone che vi stanno facendo del male o se vi siete effettivamente comportati in modo negativo.

Il manipolatore è sempre la vittima, e voi siete di solito in difetto.

Il manipolatore è particolarmente abile nel farvi sentire che qualsiasi cosa sia successa è colpa vostra e che qualsiasi cosa sia stata è un'offesa al manipolatore. Anche solo dimenticare accidentalmente di portare a casa dal negozio il cibo richiesto dal vostro partner sarà improvvisamente rigirato, diventando invece un tentativo deliberato di ferire il manipolatore.

Il manipolatore spinge la relazione troppo velocemente.

Il più delle volte, il manipolatore farà in modo di spostare la relazione il più velocemente possibile. Condividerà più di quanto dovrebbe in realtà, al fine di convincere l'altra parte che sono sinceri su ciò che stanno facendo. Cercheranno intenzionalmente di convincere tutte le persone coinvolte che ciò di cui hanno bisogno è soprattutto muoversi rapidamente. Ameranno intensamente, spingeranno le relazioni d'affari prima che sia stata costruita la giusta fiducia, e useranno la loro finta vulnerabilità per ingannare coloro che li circondano a condividere e a rendersi vulnerabili anch'essi.

Il manipolatore sarà felicemente d'accordo o si offrirà volontario per aiutare.

Ma poi si trasforma sempre in un atto di martirio. Anche se inizialmente può aver accettato, mostrerà ogni sorta di riluttanza. Se osate chiedergli se è effettivamente riluttante o se sottolinea che starete bene senza di lui, è probabile che neghi e vi faccia sentire in colpa anche solo per aver suggerito una cosa del genere. Il suo obiettivo è invece quello di farvi sentire come se foste in debito con lui per il futuro.

Il manipolatore sarà sempre un passo avanti a te.

Nel bene o nel male, il manipolatore sarà sempre un passo avanti a voi. Se stai avendo una brutta giornata, la giornata del manipolatore è automaticamente peggiore. Se siete appena entrati in un'ottima università, il manipolatore sarà veloce a ricordarvi che lui è andato in una scuola migliore. Loro avranno sempre simultaneamente di meglio e di peggio di voi, non importa cosa stia succedendo.

Difendersi dalla manipolazione

Nessuno vuole essere il destinatario della manipolazione - il problema sorge quando così tante persone sono vittime senza sapere quali sono i segni della manipolazione. Quando finalmente si impara quali sono, tuttavia, si è in grado di iniziare a reagire. Si può iniziare a fare i progressi di cui si ha bisogno per recuperare la propria vita e impedire all'altra parte di farvi del male ulteriormente. Ci sono diverse tattiche che potete usare per difendervi dalla manipolazione, che vanno dall'evitare del tutto il manipolatore al contrastare direttamente ciò che vi viene detto. Da qui, andremo oltre tre metodi che potete usare per difendervi dalla manipolazione quando si presenta nella vostra vita.

Conoscere i propri diritti fondamentali

Forse uno dei modi migliori per proteggersi è imparare a riconoscere i propri diritti intrinseci come individuo. Come essere umano, hai diritto a diversi diritti umani fondamentali, e il più delle volte chi abusa di te cerca di aggirarli. Quando riconoscete e difendete i vostri diritti umani fondamentali, sarete in grado di farvi valere - direte all'altra parte che non siete disposti a sopportare una tale palese mancanza di rispetto e abuso. Invece di essere disposti ad adulare e ignorare completamente il fatto che siete stati trattati male, sarete invece in grado di assicurarvi di esigere il trattamento che meritate. Alcuni di questi diritti umani fondamentali includono:

- Il diritto a un trattamento rispettoso
- Il diritto di essere espressivi dei propri pensieri, sentimenti e desideri
- Il diritto di dire no per qualsiasi motivo senza sensi di colpa
- Il diritto di ottenere tutto ciò per cui si è pagato
- Il diritto alla propria libera opinione
- Il diritto di assicurarsi di essere al sicuro, fisicamente e mentalmente
- Il diritto alla felicità
- Il diritto di stabilire e far rispettare qualsiasi limite

Ognuno di questi diritti fondamentali può rafforzare la tua difesa contro il manipolatore. Se dite che meritate un trattamento rispettoso e lo esigete senza eccezioni, potete mettere in chiaro che non tollererete niente di meno del massimo rispetto di base. Non accetterete insulti, comportamenti dannosi o offensivi, o qualsiasi altra cosa che possa tenervi a terra. Se siete consapevoli del fatto che avete diversi pensieri che sono vostri, e che avete diritto a quei pensieri, indipendentemente da ciò che pensano gli altri, vi proteggete dalla manipolazione mentale. Quando riconosci di essere libero, fisicamente e mentalmente, puoi smettere di permettere al manipolatore di trattenerti. In effetti, questi confini diventano i tuoi scudi con cui respingi il narcisista o il manipolatore. Con questi scudi, vi proteggete dai danni. Tuttavia, la battaglia non si vince semplicemente brandendo uno scudo: bisogna anche essere proattivamente in grado di proteggersi. Proteggersi è semplice come capire il modo migliore per sondare il manipolatore.

Sondare per difendersi dalla manipolazione

Domande come chiedersi se la richiesta sembra ragionevole al manipolatore, chiedere se sembra giusto, e poi chiedersi se si ha voce in capitolo sono tutti modi in cui si può andare fuori strada per rigirare le cose e rimettere l'onere sul manipolatore. Per esempio, immaginate che Ethan dica ad Anna di correre al più presto al negozio per prendere un articolo molto specifico. Lei è esausta e non vuole guidare attraverso la città, ma lui è incredibilmente insistente che lei vada. Lei potrebbe fermarsi e chiedergli se questo gli sembra ragionevole. Potrebbe chiedere: "Ti aspetti davvero che io molli tutto dopo aver dormito due ore, subito dopo che il bambino si è addormentato, solo per portarti quel formaggio speciale di nacho che posso trovare solo dall'altra parte della città? Quando gira le cose in questo modo, improvvisamente sembra molto meno ragionevole per lei dover fare ciò che il manipolatore ha richiesto.

Questo funziona per una ragione molto specifica: ora state rigirando le cose e rimettendo la pressione sul manipolatore. Quando siete in grado di reindirizzare al manipolatore, potete effettivamente cambiare la tattica - invece di essere sulla difensiva, siete improvvisamente all'attacco. Invece di doverti difendere, fai in modo che il manipolatore debba difendersi da te. Efficacemente, quindi, potete far notare tutto ciò che è sbagliato nella proposta. Lasciate il manipolatore con due scelte: Può negare che quello che sta dicendo è irragionevole, dicendo che andrebbe assolutamente a fare quello che vi sta chiedendo di fare, oppure sarà costretto ad ammettere che le richieste sono troppo unilaterali e sono incredibilmente ingiuste.

Dire di no e farlo rispettare

L'ultimo metodo abbastanza facile da usare per disarmare il manipolatore è semplicemente imparare a dire di no e a farlo sul serio. Molto spesso, facciamo in modo di lasciare che gli altri governino la nostra vita. Siamo disposti a sopportare ciò che gli altri ci dicono di fare e ciò che dicono semplicemente perché abbiamo troppa paura di farci valere. Tuttavia, pensate all'implicazione di questo: se non vi fate valere, vi troverete a lottare. Sarete sempre spinti in giro, a destra e a sinistra, ci si aspetta che facciate tutto ciò che i manipolatori che vogliono approfittare di voi determinano sia giusto.

Quando si impara a dire di no, però, si toglie quel potere. L'unico potere che il bullo inizialmente detiene su di te è il potere di governare la tua vita. Quando imparate a dire di no e lo intendete davvero, state dicendo attivamente alle persone che non possono controllarvi. State dicendo che non acconsentite ad essere sfruttati, e questo è significativo. Se riuscite a dire di no alle altre persone, allora potete andare fino in fondo ed evitare di cadere nei problemi che il manipolatore vuole.

I manipolatori contano su quella che viene chiamata la sindrome del bravo ragazzo o della brava ragazza: presumono che voi direte di sì semplicemente in nome della cortesia, e non appena sapranno di avere un vantaggio in qualche modo, sia attraverso di voi, le vostre azioni, i vostri comportamenti, o qualsiasi altra cosa, non esiteranno ad approfittare di voi, più e più volte senza cedere. L'unico modo per porre fine a questo è con i vostri limiti.

Questo significa che quando dite no, dovete farlo rispettare. Se continuano a cercare di infastidirvi in qualcosa, avete il diritto di andarvene semplicemente. Non dovete acconsentire ad essere controllati, e in effetti, sarete più felici e migliori se vi rifiutate del tutto.

Anche dire di no non deve essere difficile - tutto quello che dovete fare è scusarvi, dire che non funziona per voi, e andare avanti. Non c'è motivo di spiegare perché non funziona, non importa quanto duramente l'altra parte spinga per una ragione - se ti arrendi e gli dai la ragione per cui non funziona, cercherà di trovare un modo per ignorare quello che stai dicendo per cercare di costringerti ad accettare. Rispondere semplicemente con "Non funziona per me, mi dispiace" è il modo perfettamente educato per mettere a tacere qualcun altro senza dover fornire molte informazioni. Ricordate, un invito non significa che siete costretti a fare qualcosa, e una richiesta non è obbligatoria a meno che non sia imposta dalla legge.

Quando i vostri limiti sono ignorati e continuamente calpestati, quello che dovete fare è trovare un modo per farvi valere. Il modo migliore per farlo è mantenere le distanze dall'altra parte. Anche se inizialmente possono accusarvi di essere manipolatori o controllori, tenete a mente che tutto quello che state facendo è scegliere di non esporvi alle loro ridicole richieste. State proteggendo voi stessi, e non dovreste sentirvi in colpa di farlo. Invece, concentratevi sul fatto che potete ottenere quella distanza di cui avevate bisogno mentre fate anche un punto per guarire. Se cercano di convincerti che li stai punendo, ricorda a te stesso che ti stai semplicemente dando del tempo finché non potrai rivederli senza essere arrabbiato, che sia nel prossimo futuro o mai più. Hai tutto il diritto di scegliere con chi associarti, e anche se piangono e si lamentano e dicono a tutti che sei una persona orribile, sei veramente responsabile solo dei tuoi sentimenti e della tua opinione.

Capitolo 2: Tecniche di Manipolazione per Controllare la Mente

A questo punto, dovreste avere una comprensione abbastanza decente del concetto di manipolazione. Dovreste vedere come funziona ed essere pronti ad identificarla. Tuttavia, ciò che può rendere questa situazione ancora più facile da identificare è imparare a controllare le menti da soli. Ricordate, più imparate e più siete in grado di capire, più è probabile che possiate proteggervi.

Le tattiche che verranno usate qui sono piuttosto pericolose nelle mani sbagliate - per persone che non si fanno scrupoli a fare del male ad altre persone, queste possono assolutamente essere trasformate in tecniche pericolose che possono davvero convincere altre persone a fare cose nocive e orribili. Tuttavia, possono anche fornirvi una preziosa visione della mente non solo della personalità oscura, ma anche della mente delle persone che prendono di mira. Quando si studia come controllare una mente, comprendendo le complessità che derivano dall'insediarsi nei pensieri di qualcuno, impiantando i propri, e poi fuggendo senza mai alzare alcuna bandiera rossa, si sta imparando a interagire davvero con le altre persone. E se tu impiantassi dei buoni pensieri che aiutassero le persone?

Per la maggior parte, molte delle tattiche di manipolazione non sono particolarmente buone da usare al di fuori del controllo delle persone, e le tattiche che vengono discusse qui sono armi particolarmente potenti. Mentre quelle che troverete in questo capitolo non saranno in gran parte buone da usare su altre persone e hanno l'intento di controllare completamente e totalmente qualcun altro ad ogni costo, nei prossimi capitoli troverete consigli più praticabili che sono molto più adatti ad un obiettivo rispetto alla maggior parte delle tecniche di manipolazione e controllo mentale.

Ricordate, la manipolazione è una forma di influenza che è principalmente oscura. È progettata principalmente per essere nascosta, inosservata e drastica, e questo è esattamente ciò che vedrete qui. Qui vi verrà fornita una guida alle armi più insidiose del manipolatore, dal controllo mentale al capire come isolare le persone.

Controllo mentale con idee impiantate

In definitiva, il controllo mentale è la capacità di rimuovere il libero arbitrio: state effettivamente entrando sistematicamente nella mente di qualcun altro nel tentativo di fargli pensare o comportarsi in modo diverso da come è stato. Si può cercare di convincere qualcuno di qualcosa come cambiare religione o unirsi a una setta, o si potrebbe semplicemente cercare di far accettare al proprio migliore amico che la band che si vuole andare a sentire il prossimo fine settimana è davvero fantastica, nonostante l'amico la odi.

È importante notare prima di iniziare che c'è un'importante distinzione tra il controllo mentale e il lavaggio del cervello: il controllo mentale è molto più nascosto, mentre nel lavaggio del cervello il prigioniero o la persona a cui viene fatto il lavaggio del cervello ne è consapevole. Quando qualcuno sta usando il controllo mentale, sta facendo amicizia con la persona, guadagnando una posizione di fiducia, e usando questa fiducia per infiltrarsi nella mente di qualcun altro al fine di creare un tipo di personalità completamente nuovo. Effettivamente, quindi, questo porta a diversi pensieri impiantati nella mente dell'individuo senza che l'individuo sappia da dove vengono. Se fatto con successo, non ci dovrebbe essere modo di discernere realmente i pensieri da quelli che sono stati impiantati innaturalmente.

Il controllo mentale inizia prima di tutto con lo sviluppo di una relazione. Quando questa relazione è sviluppata, il manipolatore è in grado di accedere alla mente dell'altra persona. Naturalmente, questo richiede tempo. Il manipolatore deve aspettare pazientemente che la vittima si apra e si renda vulnerabile. Tuttavia, non appena questa relazione è stata costruita, il manipolatore può iniziare ad approfittarne. Il manipolatore può impegnarsi a parlare di argomenti, lasciando cadere la giusta quantità di allusioni per iniziare ad infiltrarsi nella mente dell'altra persona. Per esempio, se vuoi davvero che al tuo amico piaccia la tua musica, puoi passare il tempo a dirgli quanto sia grande la band. Il giorno dopo, menzionate sottilmente qualcosa sulla band. Continuate a fare questo, e dopo un po' di tempo che sentite la stessa idea più e più volte, la mente inconscia diventa più impressionabile. Potreste quindi decidere di suonare quella musica e dopo una settimana o due che ripetete al vostro amico che sono così grandiosi, scoprite che il vostro amico è super appassionato di quella musica. Potrebbe anche chiederti che gruppo è perché suona così bene. In quel momento puoi fargli capire che ha ascoltato quella particolare band che volevi andare a vedere, e puoi chiedergli di venire con te.

Usare il controllo della mente

In effetti, il controllo mentale si presenta con diversi passi che è necessario completare per essere efficace. Dovete prima sviluppare un rapporto sufficiente con l'altra persona per essere un individuo fidato. Questa è la parte che richiede più tempo. Più genuino riesci a far sembrare il rapporto, più potenti diventeranno le tue abilità. Questo significa quindi che se volete usare questa tecnica, dovete essere coinvolti per un lungo periodo. Pensate a come molti manipolatori fanno in modo di affrettare a tutti i costi le fasi della luna di miele - questo perché vogliono disperatamente essere in quella familiare e fidata posizione di potere con l'altra parte. Quando lo sono, sono effettivamente in grado di iniziare a lavorare sul lato della manipolazione più velocemente. Poiché le persone che si fidano del manipolatore sono più suscettibili alla manipolazione a lungo termine, questo è il metodo preferito.

Una volta ottenuta la fiducia, si deve iniziare ad abbassare l'autostima dell'altra persona in qualche modo. Le persone con un'alta autostima sono più difficili da controllare proprio perché hanno troppa fiducia in se stesse. Se volete far fuori l'autostima di qualcuno, dovete portarlo a pensare che non dovrebbe fidarsi di se stesso. Volete che sentano che i loro stessi pensieri sono imprecisi o non fedeli alla realtà. Si può trovare il modo di insinuare sottilmente che l'altra persona non è particolarmente intelligente, abile o altrimenti capace, nel tentativo di farla sentire come se non dovesse nemmeno preoccuparsi di provarci.

Quando l'autostima si abbassa, si dovrebbe avere un tempo più facile per iniziare a impiantare i propri pensieri nella mente dell'altra persona. Potreste volere che l'altra persona associ attivamente una specifica emozione con una certa conseguenza, e potete farlo. Potete anche condizionare l'altra persona in questa fase, usando ciò che è comunemente indicato come ancoraggio PNL, che sarà discusso maggiormente nel Capitolo 8.

Dopo aver ripetuto i pensieri che volete installare, potreste vederli iniziare a prendere piede. Il vostro amico potrebbe facilmente ascoltare quella musica che prima odiava. La persona che stavate cercando di rendere più gradevole per avere più possibilità di uscire con qualcuno, comincia a sentirsi più consapevole di sé e quindi molto più suscettibile a qualsiasi attenzione.

Potresti decidere di installare più pensieri o trigger per permetterti di controllare meglio l'altra persona. Non importa le tecniche che hai scelto, una cosa è certa: quando impari a controllare la mente degli altri, impari a prendere il controllo di chi sono. Potete impiantare nuovi interessi. Puoi insegnare loro ad esserti fedeli. Puoi convincerli che sono sempre stati interessati a certe affiliazioni politiche. Potete cambiare completamente chi sono, e loro non avranno idea di come ciò avvenga.

In effetti, esponete l'altra persona a questi cambiamenti così lentamente, per un periodo di tempo così lungo, da farle credere che i cambiamenti nei loro pensieri siano le loro stesse scelte.

Gaslighting

Il gaslighting è una delle tattiche più pericolose che quelli con personalità oscure impiegano. Dopo tutto, cosa potrebbe essere più insidioso che insegnare a qualcuno che non può contare su chi è come individuo? Quando si fa il gaslighting a qualcuno, si sta effettivamente insegnando a qualcuno a dubitare della propria sanità mentale.

Vi siete mai trovati in un tale momento di dubbio su voi stessi? Vi siete mai trovati paralizzati nell'inazione perché non potete essere sicuri che le cose siano accadute nel modo in cui credete siano accadute o se state esagerando? Forse ti dici che stai immaginando il modo in cui è andata un'interazione, o pensi che non è possibile che le cose siano successe nel modo in cui pensi siano successe. Il manipolatore vuole attaccarsi a qualsiasi dubbio che tu possa avere e approfittarne. Nel corso del tempo, il manipolatore può effettivamente fare in modo che la ferita del dubbio su se stessi si inasprisca e cresca, consumando lentamente la vostra capacità di fidarvi di voi stessi ed erodendola fino a farla diventare quasi nulla.

Questo processo è incredibilmente pericoloso: una persona che non può fidarsi di se stessa non sarà particolarmente efficace nel trattare con altre persone. Ripensate ad Anna: quando ha iniziato a vedere i primi segni che Ethan era qualcuno che lei pensava non fosse, gli ha chiesto spiegazioni. "Perché sei così scontroso ora?" Potrebbe aver chiesto a un certo punto, solo per essere accolta con uno sguardo interrogativo e una risposta tranquilla, "Di cosa stai parlando? Essere accolta con qualcosa senza aggressività, attenzione o frustrazione è sufficiente per Anna per chiedersi se era tutto nella sua testa.

Insieme a questi occasionali tentativi di farla deragliare, lui può anche spostare le sue chiavi. Mai lontano o nascondendole del tutto - ma le sposterebbe dai pantaloni che lei aveva indossato quel giorno ad un paio che lei aveva lavato in precedenza la sera, solo per gettare di nuovo quello stesso paio di pantaloni nella pila dei panni sporchi. Lei andrà a caccia delle sue chiavi, solo per farsi dire da Ethan che pensa che siano nella lavanderia e farle trovare i pantaloni che avrebbe giurato di aver appeso poche ore prima.

Può correggerla tranquillamente quando lei racconta una storia, ricordandole che il dettaglio è andato in un modo diverso da come lei lo sta riportando. La storia è andata davvero in quel modo? Probabilmente no, ma lui sta cercando di screditarla nella sua stessa mente. Questo è tutto il gaslighting - è un pervasivo screditamento della fiducia della vittima nella realtà. Col tempo, l'idea che Anna interiorizza è che lei è incapace di fidarsi veramente di se stessa. Se le viene chiesto qualcosa, si rimette subito a Ethan perché ha insegnato a se stessa che non è degna di fiducia. Questo significa che il controllo di Ethan su di lei aumenta mentre lui continua a stringere la sua presa.

Per usare questa tecnica per voi stessi, dovreste semplicemente iniziare screditando qualcosa di particolarmente innocuo. Potresti spostare le chiavi o controllare la posta in anticipo e fingere che il tuo partner l'abbia controllata quando non l'ha fatto. Potreste dire al vostro partner che il forno è stato lasciato acceso quando non lo era e altro ancora. Con il tempo, lentamente si alza la posta in gioco. Col tempo, la posta in gioco di qualsiasi cosa stia succedendo aumenta sempre di più. Fai notare che il tuo partner sta guidando verso il negozio sbagliato e che tu stai andando in un negozio dalla parte opposta della città quando il tuo partner gira nel negozio dove eravate d'accordo di andare. Potete dire al vostro partner che ha dimenticato di pagare tutte le sue bollette e che voi le avete pagate tutte per lei, anche se la sera prima era rimasta sveglia fino a tardi per farlo.

Alla fine, il gaslighting diventa così incredibilmente potente che la vittima potrebbe vedere una macchina passare e poi tu potresti negare che sia mai passata. La vittima sarebbe disposta ad accettarlo come verità semplicemente perché ha perso la fiducia in se stessa.

Isolamento

Un'altra comune tattica di manipolazione è l'isolamento. Le persone sono creature sociali - siamo principalmente più felici e soddisfatti quando abbiamo qualche tipo di interazione e relazione con altre persone. Tuttavia, i manipolatori spesso si sentono minacciati dall'idea che le loro vittime abbiano circoli interni di amici e familiari che non possono essere controllati. Il manipolatore vuole mantenere il pieno controllo della vittima, e come tale, diventa comune isolare la vittima lontano da tutti quelli che ha conosciuto e amato.

Può iniziare in modo semplice come esprimere un dispiacere per certi amici o membri della famiglia. Con il tempo, può rafforzarsi in qualcosa di molto peggiore - l'individuo può scoprire che è più facile tagliare gli amici che affrontare la gelosia o il contraccolpo. Il manipolatore può inventare storie su membri particolarmente problematici della cerchia ristretta della vittima, come dichiarare che il migliore amico della vittima ha parlato male del manipolatore nell'ultima settimana, anche se il povero manipolatore non ha fatto nulla di male. Con il tempo, la vittima interiorizza tutto questo. Se ti viene detto costantemente che l'unica persona che potrebbe mai amarti è una persona che ha abusato di te per anni, potresti iniziare a crederci.

Se il manipolatore gioca bene le sue carte, diventa l'unico cerchio di supporto per la vittima. Questo è intenzionale - se solo il partner o il coniuge lavora, la vittima è bloccata a casa con i bambini semplicemente a causa del costo proibitivo della cura dei bambini. Se la vittima vuole uscire, ci sono sempre un milione di ragioni per cui questo non può accadere. In definitiva, il risultato finale è lo stesso: poco o nessun sostegno per la vittima. Senza sostegno, la vittima non ha nessuno da aiutare. Andarsene può essere intimidatorio, o anche solo impossibile a seconda della situazione.

Isolare le persone è comunemente fatto creando problemi, che il manipolatore ha facilitato, tra la vittima e chi la circonda. Può fare in modo di chiamare la vittima, dicendole che non può assolutamente uscire con quelle persone perché sono troppo promiscue. La prossima volta che vanno a un addio al nubilato e mi dicono: "Oh, sai una cosa? Mi sento molto male e dovrai prenderti cura del bambino". C'è sempre una ragione, e col tempo la singola vittima perde credibilità.

Critica

Ricordate come un principio fondamentale per poter controllare la mente di qualcun altro era quello di poter danneggiare la sua autostima? Qui è dove cominciate a farlo. State effettivamente tentando di danneggiare l'autostima dell'altra persona così tanto che non vuole fare scelte per se stessa. La critica che gli fate è sufficiente a scoraggiare qualsiasi decisione.

Quando volete criticare qualcun altro, dovete capire quali sono le sue vere debolezze. Se sono comunemente minacciati dall'idea di essere un cattivo genitore, potreste attaccarvi a questo, sbattendolo in faccia alla vittima il più possibile. Se state lavorando a un grande progetto per la scuola per ottenere il vostro master, potreste scoprire che il vostro partner vi sta improvvisamente dicendo quanto siete stupidi o idioti e che non ce la farete mai. Potreste scoprire che essere effettivamente in grado di procedere è quasi impossibile se vi sentite fortemente e regolarmente criticati.

Più vi sentite criticati, più è probabile che fallirete. Sarete distratti e tutti i vostri tentativi di fare meglio ne risentiranno. Quando siete troppo occupati o troppo spaventati per fare il salto per avere successo. La vostra distrazione vi costerà potenzialmente la laurea, e questo è esattamente ciò che il manipolatore vuole. Il manipolatore vuole farvi sentire come se avere successo fosse un'impossibilità, perché se credete che sia un'impossibilità, non proverete a partire. Questo significa effettivamente che vi state auto-sabotando senza mai rendervene conto, tutto a causa delle critiche costanti che vi vengono date in pasto.

Ripensate per un momento ad Anna. Ethan l'ha criticata regolarmente più tardi nella relazione, dopo aver conquistato originariamente Anna. Ha scelto di comportarsi male, dicendo ad Anna che non potrebbe mai pulire la casa come lui si aspettava, anche se lui è a casa tutta la sera senza aiutare. Le viene costantemente chiesto perché non riesce a fare nulla di buono nonostante i suoi sforzi, e col tempo, quella visione critica del mondo diventa la sua. Tutto ciò che doveva accadere era che Anna fosse ripetutamente e spietatamente esposta alla stessa propaganda manipolativa più e più volte per ricordarle quanto fosse veramente inutile. Ora, Anna era particolarmente inutile? Niente affatto - si è presa cura di suo figlio ed è anche riuscita a lavorare a scuola. Tuttavia, non era all'altezza degli standard impossibili di Ethan e lui non aveva paura di fargliela pagare con le sue critiche e parole taglienti.

Stanchezza

Infine, l'ultima tattica di manipolazione che discuteremo è la stanchezza. Vi siete mai sentiti così stanchi da essere convinti che sareste morti o svenuti da un momento all'altro? Forse siete rimasti alzati fino a tardi per lavorare a un progetto e non siete mai riusciti a dormire durante la notte. O forse avete avuto bambini piccoli che si svegliavano 24 ore su 24, indottrinandovi al club della mancanza di sonno a cui ogni giovane genitore viene introdotto. Indipendentemente dalla causa, pensa a come ti sei sentito dopo non aver dormito abbastanza.

Probabilmente vi siete sentiti come se foste in ritardo e come se non poteste pensare chiaramente. Nonostante tutto il caffè che vi siete scolati nel corso della giornata, non potevate fare a meno di sentirvi presto crollare. Avete scoperto che eravate molto più pronti ad assecondare quello che il vostro partner vi diceva - se dice che dovete correre al negozio a comprare qualcosa, siete disposti a farlo. Se decide che devi pulire, ti alzi con riluttanza e lo fai nel tuo stato di mezzo addormentato.

La ragione per cui questo accade è che col tempo, man mano che diventi sempre più esausto, i meccanismi della tua mente di essere in grado di combattere tali influenze cominciano a scemare. Non può difendersi se è troppo esausta per funzionare efficacemente. Invece, quei meccanismi di sicurezza, o almeno quelli primari all'interno della vostra mente, funzionano male. Invece di essere in grado di reagire, scopri che sei semplicemente d'accordo perché è più facile. Non vedete che la battaglia vale il piccolo sforzo, quindi siete d'accordo.

La fatica è una tattica comunemente usata su più fronti. È stata usata per torturare la gente a spifferare informazioni in passato. Gli studi sul cervello hanno dimostrato che non appena sei stato tenuto sveglio per sole 20 ore, sei già compromesso come se invece avessi bevuto una birra o due. Dovete essere in grado di riposare per mantenere la vostra mente lucida in modo da poter proteggere il vostro corpo. Quando si è privati del sonno, quindi, si è suscettibili di ogni sorta di abuso pericoloso e insidioso.

Tutto quello che devi fare per privare qualcuno del sonno è impedirgli attivamente di dormire il più a lungo possibile. Cercate di trovare tecniche che possano essere rimosse come una sorta di coincidenza piuttosto che intenzionale. Potresti accendere una luce e poi scusarti dicendo che pensavi che l'altra persona stesse dormendo. Somministrare caffeina all'altra persona. Convincere l'altra persona a stare alzata fino a tardi con voi per qualche motivo - magari guarderete un film insieme o qualcosa del genere.

In definitiva, non importa il metodo che scegliete, scoprirete che siete in grado di ottenere un controllo occulto sulla mente degli altri se utilizzate queste tattiche all'interno di una relazione o con qualcun altro. Potete indebolire le difese della mente. Potete passare completamente inosservati. Puoi convincere le persone a credere a false realtà e altro ancora. Il potere del controllo mentale è molto reale, ma per favore ricordate che è un'abilità pericolosa che non dovrebbe essere presa alla leggera.

Capitolo 3: Il Potere della Persuasione

Avete mai cercato di capire cosa fare per cena una sera solo per avere il vostro partner o il vostro bambino che viene da voi con un argomento completo sul perché dovreste andare al vostro ristorante di sushi preferito per cena? Forse l'argomento è tutto ben delineato per voi. Il vostro bambino fa notare che non dovrete cucinare o pulire, il che significa che avrete più tempo da passare con la vostra famiglia, cosa che in questi giorni scarseggia disperatamente. Tuo figlio ti fa notare che tutti amano il sushi, quindi non puoi sbagliare andando al ristorante e che tutta la famiglia troverà qualcosa da mangiare. Infine, tuo figlio ti dice che sa che tu vuoi davvero prendere del sushi perché vuoi sempre prendere del sushi.

Potreste rendervi conto che vostro figlio ha ragione, tutto questo è vero, e accettate di andare. In questo caso, siete appena stati convinti a uscire a cena da vostro figlio. Ora, l'argomento e il tentativo di persuasione può essere stato piuttosto semplificato, ma conta ancora come una forma di influenza. Non stavate pensando di uscire a cena finché vostro figlio non vi ha fatto notare tutte le ragioni per cui dovreste farlo. Questo significa, quindi, che vostro figlio ha influenzato la vostra scelta.

Naturalmente, la maggior parte delle volte, i tentativi di persuasione tendono ad essere un po' meno ovvi. Possono essere semplici come la formulazione delle cose in un modo che ti porta a prendere una decisione specifica. Possono essere il sottolineare che l'altra parte sa meglio di tutti perché è un'esperta di ciò che viene venduto. Non importa la forma, comunque, ciò che la persuasione fa che la manipolazione non fa è che mette la questione allo scoperto perché tutti la vedano.

Leggermente più accettabile della sua forma sorella di influenza, la persuasione si concentra maggiormente sul libero arbitrio piuttosto che tentare segretamente di convincere qualcuno a cedere ed essere controllato. In particolare, potreste scoprire che vi sta bene la persuasione semplicemente perché è più allo scoperto rispetto al tentativo nascosto di manipolare. Sono abbastanza simili, comunque, e all'interno di questo capitolo, sarete introdotti a cosa sia la persuasione.

Cos'è la persuasione?

La persuasione, come la manipolazione, è una forma di influenza sociale. È progettata per cambiare i pensieri, i sentimenti o i comportamenti di qualcun altro per motivi che sono elencati o dettati per l'altra persona nel tentativo di far cambiare l'altra persona. Questo significa che l'altra persona è ben consapevole del tentativo all'inizio. Proprio come tuo figlio ti ha fatto notare che ti piacerebbe andare a cena al sushi, qualsiasi altra forma di persuasione ti sta dicendo cosa dovresti volere o fare. Ti incoraggerà a fare qualcosa in particolare nel tentativo di persuaderti, ma sei sempre il benvenuto se rifiuti e andare avanti con la tua scelta iniziale.

In genere, la persuasione è incredibilmente potente. Stai creando un argomento di qualche tipo per qualcun altro e stai cercando di portare avanti quell'argomento. Vuoi che gli altri vedano che il tuo argomento è valido e che hai l'idea giusta. Volete capire come fare proprio questo senza che ci sia un modo chiaro e facile per uscirne. Tutto questo significa che avete bisogno di capire cosa motiverà il vostro obiettivo e poi capire come motivarlo. Questo di solito avviene in diversi modi, come con i principi della persuasione o con la comprensione e l'uso della retorica. Ciò che è vero, comunque, è che si dovrebbe finire con qualcuno che ha almeno una sorta di idea su ciò che vuole alla fine del tentativo. O saranno d'accordo con voi, o non saranno d'accordo e andranno avanti, e starà a voi capire quale.

Persuasione vs. Manipolazione

A prima vista, le due cose sembrano essere intrinsecamente collegate: sono entrambe tentativi di convincere o indurre qualcuno a fare qualcos'altro. Tuttavia, è probabile che voi persuadiate qualcuno quasi ogni singolo giorno, e tuttavia potete fare in modo di non manipolare mai gli altri. Siete in grado di seguire la linea perché le due cose sono completamente diverse l'una dall'altra.

In particolare, però, dovete guardare le diverse definizioni dei due tentativi di influenzare. Nella manipolazione, si sta tentando di cambiare con mezzi sleali per i propri scopi egoistici. Per la persuasione, invece, si sta cercando di indurre qualcuno a fare qualcosa.

Questo significa che, principalmente, la manipolazione è ingiusta o segreta per difetto - cerca di usare e abusare delle persone al fine di soddisfare il manipolatore e qualsiasi cosa il manipolatore voglia. La persuasione, d'altra parte, è semplicemente un modo in cui le persone interagiscono con chi le circonda. State cercando di persuadere qualcuno ad aiutarvi perché pensate che possa essere una risorsa preziosa, e pensate che anche loro ne ricaveranno qualcosa. Siete completamente onesti su tutto quando tentate di persuadere qualcuno, ma quando manipolate, non lo siete.

Per esempio, considera che domani hai davvero bisogno di un passaggio al lavoro per qualche motivo. Vai dal tuo vicino e gli dici: "Ehi, sai, ho notato che il tuo giardino ha bisogno di un po' di TLC - vuoi che ti aiuti oggi? Sono libero tutto il giorno!" Il vicino accetta, e voi due chiacchierate allegramente mentre vi occupate del lavoro in giardino. Il vicino, dopo aver finito tutto, ti chiede se hai bisogno di aiuto, offrendosi di ricambiare. Tu rispondi che in realtà hai bisogno di un passaggio al lavoro e lo apprezzeresti molto.

D'altra parte, se volevate manipolare il vicino per avere un passaggio, potevate uscire la mattina come al solito e cercare disperatamente di mettere in moto la vostra auto gemendo forte e sbattendo sul volante prima di guardare l'orologio con esasperazione. In questo caso, non state affatto interagendo con l'altra persona direttamente - state facendo capire che siete infelici, ma non state parlando con il vostro vicino.

Il vostro vicino vede per caso la vostra situazione e si offre di aiutarvi, ottenendo il vostro passaggio senza che voi dobbiate mai chiedere aiuto. Questa è manipolazione. Hai fatto intenzionalmente qualcosa con in mente il tuo interesse personale. Non avete aiutato il vostro vicino, e avete semplicemente approfittato della sua gentilezza quando si è offerto di darvi un passaggio senza alcuna offerta di reciprocità.

Come potete vedere, la manipolazione rispetto alla persuasione può essere un po' complessa da capire se non sapete cosa state guardando, ma è importante. Effettivamente, quando stai manipolando qualcun altro, stai cercando di fargli fare qualcosa per te senza che tu debba chiederlo apertamente in alcun modo.

Usare la persuasione

Tra i due, la persuasione è generalmente considerata socialmente accettabile e qualcosa che non sarà problematico per te se dovessi trovarti dalla parte del destinatario. Potreste non pensare che la persuasione sia particolarmente minacciosa nel modo in cui la manipolazione è tipicamente considerata semplicemente perché quando qualcuno cerca di persuadervi, di solito è onesto con voi. Vi dirà esattamente ciò che vuole o di cui ha bisogno e di solito offrirà ragioni per cui dovreste aiutarli, che a volte possono essere una negoziazione di servizi o altrimenti semplicemente appellarsi alla logica o a qualcos'altro per dimostrare che il vostro aiuto non sarebbe letteralmente un inconveniente per voi, ma sarebbe un salvavita per loro.

Quando avete intenzione di usare la persuasione contro qualcun altro, è probabile che abbiate bisogno di una sorta di piano. In generale, avrete bisogno di sapere esattamente cosa volete e come poter arrivare a quel risultato. Se volete ottenere un lavoro, per esempio, potreste capire che gli step per ottenere un lavoro prevedono di fare domanda di lavoro e di lavorare sul vostro curriculum il più possibile. Potresti vedere che c'è poco spazio per gli errori e che dovrai cercare attivamente di ottenere quel lavoro.

Quando pianifichi tutto, puoi iniziare a capire a chi chiedere aiuto. Conosci qualcuno con delle conoscenze? Hai un amico che lavora da qualche parte con posti di lavoro disponibili? Hai qualche abilità che può farti ottenere quel lavoro di cui hai davvero bisogno o che desideri? Se puoi rispondere sì a qualsiasi di queste domande, puoi capire a chi vuoi puntare per la tua persuasione. Dopotutto, ci deve sempre essere qualcuno dalla parte del destinatario quando si cerca di persuadere qualcuno.

Dopo aver identificato chi vuoi persuadere, devi capire come vuoi persuaderlo. Ora, questo sarà un po' più difficile da capire - ci sono dozzine di modi in cui potreste cercare di persuadere qualcuno, e alla fine, dovrete scegliere quello che funziona meglio per voi. Quando potete identificare esattamente come volete persuadere qualcun altro, potete iniziare a mettere insieme gli strumenti per farlo.

Ora, non ci addentreremo negli strumenti di persuasione fino al prossimo capitolo, quindi tieniti stretto quel particolare concetto. Tuttavia, riconoscete che ci sono diverse tecniche di persuasione che possono essere utilizzate, a patto che ne facciate un uso efficace. Con il piano in mente e gli strumenti in mente, e riconoscendo che non state persuadendo solo per ottenere aiuto, dovete capire cosa siete disposti ad offrire in cambio. Perché l'altra persona dovrebbe aiutarvi? Farà qualcosa in cambio? Ne trarrà beneficio in qualche modo? Ricordate, la manipolazione è quella che si fa da sé. Quando state persuadendo qualcuno, ognuno dovrebbe vedere almeno qualche tipo di beneficio nell'aiutare o nell'essere d'accordo con qualsiasi cosa stiate cercando di persuadere. Infine, capito il chi, cosa, come e perché, si può ora tentare di usare la vostra tecnica. Ora è il momento di andare a parlare con chiunque abbiate identificato come la persona a cui state chiedendo aiuto. Ricorda, dovresti probabilmente provare a chiedere loro se puoi aiutarli prima di presentare ciò che stai cercando da loro.

Questo significa che si può fare in modo di chiedere e persuadere. Dovresti sottolineare tutte le ragioni per cui aiutare sarebbe un bene per l'altra persona, così come quello che farai tu in cambio. La persuasione è un dare e avere, dopo tutto, e devi essere chiaro all'altra persona che hai assolutamente intenzione di dare e prendere per assicurarti che non si senta sotto pressione o bloccato nel processo. Quando fai questo, assicuri loro che non li stai semplicemente usando, specialmente quando li aiuterai.

Persuasione nel mondo

A questo punto, dovresti avere un'idea generalmente solida del fatto che la persuasione è qualcosa che può comportare dare e avere - che sia chi dà o entrambe le persone dovrebbero trarne beneficio. Come regola generale, chi prende non dovrebbe mai essere l'unico a beneficiare della persuasione. Si può vedere questo accadere in diversi contesti. Puoi vedere persone che comprano una casa e notare che la persuasione avviene durante la vendita. Potete vedere che la persuasione avviene nelle interazioni regolari con il vostro partner romantico semplicemente come un effetto collaterale del fatto che voi due interagite regolarmente l'uno con l'altro e spesso avrete qualcosa o un altro che volete o di cui avete bisogno. Lo si può vedere nella genitorialità e anche nelle negoziazioni. I leader sono anche maestri nella persuasione - specialmente se sono leader efficaci, e vedrete spesso che i migliori leader sono benvoluti e incredibilmente persuasivi. Sanno maneggiare i loro strumenti così bene che chi li circonda è sempre disposto ad aiutarli.

Questa sezione si prenderà il tempo di esaminare diversi contesti in cui potreste imbattervi in un tentativo di persuasione nel corso della vostra vita. È incredibilmente comune vedere la persuasione comparire regolarmente perché è così regolarmente usata in termini di interazioni. Se volete che qualcuno faccia qualcosa, il modo migliore per farglielo fare è chiedergli di farlo. Se riesci a farlo, sei sulla buona strada per persuaderli.

Nelle vendite

Quando state comprando qualcosa, come una macchina, potreste imbattervi in qualcuno che è interessato a tentare di vendervi qualcosa a cui non eravate necessariamente interessati all'inizio. Per essere un tentativo di persuasione, l'auto appena presentata dovrebbe fare qualcosa per voi - dovrebbe essere utile a voi in qualche modo, forma, o dimensioni, e starà a voi determinare se l'uso di quella nuova auto è sufficiente per incoraggiarvi ad andare avanti con l'acquisto della nuova auto o se volete rimanere con qualunque fosse la vostra scelta originale.

Forse siete andati per una piccola berlina perché non vi piace guidare qualcosa di molto grande. Tuttavia, avete due bambini piccoli, e vi accorgete che siete sempre frustrati perché non avete abbastanza spazio per i seggiolini auto, il passeggino, la borsa dei pannolini e lo shopping che potete fare durante il giorno. Questo significa che la vostra auto, pur essendo una di quelle che vi piace guidare, non è una di quelle in cui sarete necessariamente a vostro agio usandola regolarmente.

Il venditore vede che avete bisogno di più spazio e vi raccomanda anche alcuni SUV compatti. Sono abbastanza grandi da accogliere il resto dei vostri effetti personali senza dover lottare per farli entrare. Ora, ad essere onesti, il SUV è un po' più costoso, e voi lo sapete. Anche l'addetto alle vendite lo sa, e si può presumere che l'addetto alle vendite otterrà una commissione leggermente maggiore sul SUV rispetto alla berlina.

Tuttavia, dopo averci rimuginato sopra, vi rendete conto che il venditore aveva ragione: avete bisogno di spazio. Avete bisogno di spazio per i vostri bambini, le loro necessità e tutto ciò che è necessario quando siete fuori, e il vostro passeggino si adatta a malapena nel bagagliaio senza che ci sia qualcosa di extra. Decidete quindi di andare con il SUV.

Ora, ciò che rende questa persuasione e non manipolazione è il tentativo di assicurarsi che voi sappiate cosa state facendo e che il venditore stia genuinamente cercando di aiutarvi. Ora, se il venditore stesse semplicemente cercando di convincervi a prendere l'auto più grande sul mercato con il pagamento mensile più costoso, questo sarebbe stato più sulla linea della manipolazione, ma considerando che il vostro venditore vi ha mostrato alcune opzioni ragionevoli e non ha spinto il punto, è stato considerato invece persuasivo.

Nelle relazioni

Si può vedere questo tipo di dare e avere anche nelle relazioni - per esempio, immaginate che voi e il vostro partner siate pronti a fare il prossimo passo e andare a vivere insieme. Tuttavia, nessuno dei due vuole davvero lasciare il proprio appartamento. In definitiva, il modo migliore per far uscire uno di voi due dalla propria casa ed entrare in quella dell'altro è la persuasione: entrambi dovrete trovare delle ragioni per rimanere nei vostri rispettivi appartamenti mentre l'altro si trasferisce.

Poiché nessuno di voi due sta tentando di manipolare subdolamente in modo da rimanere nella vostra casa e siete entrambi disposti a considerare con calma cosa sta succedendo e quali sarebbero le ragioni per rimanere o andare al fine di decidere razionalmente come meglio agire, questo è considerato un tentativo di persuasione.

Nella genitorialità

Nell'essere genitore, la cosa migliore che puoi fare è imparare a parlare a tuo figlio, in modo che ti capisca chiaramente ed efficacemente. Questo significa che avete bisogno di capire come comunicare al meglio con vostro figlio, il che potrebbe benissimo essere diverso da quello che usereste per qualcun altro che conoscete o con il figlio di qualcun altro. Se puoi imparare efficacemente a comunicare con tuo figlio, puoi poi usare la persuasione regolarmente.

Quando crescete un bambino, quello che state facendo è cercare di capire come aiutarlo a diventare un adulto responsabile e maturo, produttivo e capace di interagire con chi lo circonda. I bambini hanno bisogno di sviluppare abilità come persuadere qualcuno o come comunicare al meglio quando hanno bisogno di qualcosa. Questo significa che dovreste insegnare con l'esempio: dovreste parlare a vostro figlio usando gli stessi modelli persuasivi che usereste per un amico o un membro della famiglia.

Per esempio, se vogliono davvero un biscotto e lo chiedono gentilmente, potreste dire molto educatamente: "Sono così orgoglioso di te per aver usato le buone maniere! Ma sai, la cena sta per finire e devi assicurarti di avere spazio per mangiare la tua cena. Che ne dici di farlo domani dopo pranzo, perché non hai bisogno di zuccheri dopo cena". Questo implicava che voi negoziaste un nuovo orario per mangiare il biscotto e che vostro figlio fosse d'accordo.

Ora, naturalmente, avreste potuto semplicemente dire: "Niente biscotto; è troppo tardi" e farla finita con la discussione, ma questo non avrebbe fatto alcun favore a vostro figlio. Invece, state mettendo in chiaro che le buone capacità di comunicazione sono fondamentali se vogliono avere successo. Li state aiutando a diventare i migliori adulti possibili che possano essere perché gli state insegnando da subito abilità come la persuasione.

Nella negoziazione

La negoziazione è qualcosa con cui solo alcune persone avranno a che fare regolarmente, ma quasi tutti la affronteranno prima o poi. Se avete bisogno di negoziare con qualcuno, la persuasione è il modo perfetto per iniziare a tentare di convincere qualcuno a vedere le cose come voi.. In modo efficace, puoi esporre il tuo argomento per avere le cose a modo tuo, offrendo le tue concessioni, e poi vedere cosa succede dopo. Vuoi che il tuo partner negoziale si senta disposto ad accettare l'accordo che hai proposto senza sentirsi sfruttato, perché trarre vantaggio non è uno degli scopi principali della persuasione - essere giusti e disponibili lo è.

Al lavoro

Infine, al lavoro, è probabile che tu abbia bisogno di persuasione ad un certo punto. Hai bisogno di un giorno libero per un viaggio? Dovrai convincere il tuo capo che ne hai bisogno. Vuoi un aumento? Perché te lo meriti? Cosa puoi fare per far sì che quell'aumento valga la pena?

Oltre alle trattative con i datori di lavoro, comunque, devi anche essere preparato a negoziare con i clienti o i partner commerciali, e avrai bisogno di persuasione per essere efficace anche in questi casi. In definitiva, quasi ogni volta che devi chiedere a qualcuno di fare qualcosa, stai effettivamente cercando di persuaderlo a fare qualcosa. Questo è esattamente il motivo per cui la persuasione è così incredibilmente importante e bisogna averne una solida padronanza.

Capitolo 4: Tecniche di Controllo Mentale con la Persuasione

Ora, avete visto quanto la persuasione possa essere critica in diversi contesti. A questo punto, è il momento di iniziare a vedere le tecniche che puoi usare per persuadere altre persone. Ricorda, la persuasione consiste nell'essere chiari su ciò che stai chiedendo. Tuttavia, d'altra parte, si tratta anche di convincere le persone a fare ciò che vuoi. Dovete essere in grado di camminare lungo questa linea sottile senza cadere da nessuna delle due parti se volete essere efficaci.

Questo capitolo vi introdurrà sia ai principi della persuasione che alla retorica della persuasione. Sarete guidati attraverso ogni passo della persuasione e vi verrà fornito il ragionamento che dovreste fare per sviluppare veramente queste abilità. Ognuno ha i suoi importanti usi se siete disposti a fare lo sforzo di impararli.

Principi della persuasione

Per prima cosa, discuteremo i principi della persuasione. Sono sei diversi strumenti di persuasione che potete usare per convincere chi vi circonda a comportarsi in certi modi. Possono essere usati da soli o in tandem con altri di questa lista.

Tuttavia, ciò che è importante è ricordàrti che questi strumenti sono utili e di metterli in pratica ogni volta che ne hai la possibilità.

Autorità

Il primo dei principi della persuasione è l'autorità. Quando si cerca di appellarsi all'autorità, si sta semplicemente cercando di trasformarsi in una sorta di figura autoritaria. Questo per una ragione molto specifica.

Fermati un attimo a riflettere: preferiresti ricevere un consiglio medico da una persona a caso che cammina per strada o da un medico che indossa un camice e un distintivo? Cosa vi sembrerebbe più convincente? Se entrambi avessero in mano una pillola e vi invitassero a prenderla, lo fareste?

Molte persone sarebbero disposte a farsi curare dal medico con il camice e il distintivo. Sono considerati un'autorità in materia di medicina solo perché indossano un camice e hanno le loro credenziali stampate sul distintivo. L'altra persona, invece, è una persona qualunque, e anche se dicesse di essere un medico, non avreste modo di saperlo con certezza, né sareste in grado di verificare cosa vi viene offerto per curarvi.

In definitiva, questo è esattamente il tipo di divisione che si vede normalmente - quando c'è un appello all'autorità, vince chi è competente. Colui che è ritenuto più autorevole grazie alle capacità o all'esperienza, alla fine vince.

Questo significa che quando si vuole fare appello all'autorità, quello che si deve fare è assicurarsi di trovare un modo per rendere chiaro che si è, infatti, un'autorità sull'argomento. Se sei il venditore di auto, forse hai lettere e foto dei tuoi clienti felici che hanno comprato auto da te e sono andati via completamente soddisfatti dopo il tuo aiuto. Forse dovresti prestare attenzione al fatto che quando la gente entra, la prima cosa che vuoi che vedano è che sei qualificato nel tuo lavoro. Potresti fare in modo che possano vedere il tuo diploma o i tuoi riconoscimenti, oppure fare in modo che lo sentano nei primi minuti dell'incontro.

Impegno e coerenza

Il prossimo principio di persuasione è conosciuto come impegno e coerenza. Quando hai a che fare con l'impegno e la coerenza, stai effettivamente giocando sul fatto che le persone tendono ad apprezzare ciò che è familiare e atteso. Questo significa che le persone cercheranno di seguire continuamente un impegno che hanno preso e più spesso lo fanno e più è probabile che diventi uno standard.

Per esempio, diciamo che hai chiesto al tuo vicino, che è anche un tuo collega, un passaggio al lavoro. Non è letteralmente un inconveniente perché entrambi viaggiate nella stessa direzione con gli stessi orari. Dopo diversi viaggi in cui il tuo collega ti porta al lavoro, alla fine diventa scontato, e non hai più bisogno di chiedere - stai semplicemente aspettando vicino alla macchina del tuo vicino prima e dopo il lavoro ogni giorno per avere quel passaggio. In effetti, la prima volta che hanno accettato di portarti, si sono bloccati in una catena di richiesta da parte vostra accettando di farlo regolarmente.

Puoi anche ingannare le persone a fare cose per te con questo stesso processo. Se volete qualcosa, come ad esempio volere che il vostro collega copra un turno per voi, potete iniziare facendo una semplice domanda affermativa, come chiedere se hanno avuto una bella settimana finora. Il tuo vicino dice di sì, e allora gli chiedi se scambierà i turni con te in modo che tu possa assicurarti di essere in grado di andare a un concerto che non vedi l'ora di fare.

Grazie al fatto di aver già iniziato a dire sì ad altre cose, il vostro collega sarà in uno stato d'animo in cui sta già dicendo sì, quindi tanto vale continuare. Dopo aver accettato anche alcune cose più piccole, si può incontrare qualcuno che è disposto ad accogliere richieste più difficili o più grandi in nome della coerenza.

Gradimento

Questo è forse uno dei principi più semplici della persuasione - tutto quello che devi ricordare è che più ti piace qualcuno o qualcosa, più è probabile che tu senta che ciò che ti è piaciuto ha valore, e più è probabile che tu sia convinto in suo favore. Per esempio, è più probabile che tu faccia un favore a qualcuno che ti piace davvero piuttosto che a qualcuno che non ti piace affatto.

Per fortuna, ci sono diversi modi in cui puoi fare in modo di diventare simpatico a qualcun altro. Puoi, per esempio, rispecchiare qualcuno finché non gli piaci. Questo significa che copierete i loro comportamenti nel modo più nascosto possibile, il che potrebbe non essere particolarmente segreto se non sapete cosa state facendo. Dopo aver impostato tutto e aver rispecchiato l'altra persona al punto che lei ti rispecchia, dovresti essere a posto per continuare.

Tuttavia, se non siete sicuri di come procedere con il mirroring o semplicemente non volete occuparvene, ci sono anche altre tecniche che potete usare, come scegliere di far piacere intenzionalmente a qualcuno. Questo non è così difficile come sembra.

Iniziate creando una sorta di connessione tra voi e l'altra parte - magari fate un commento sul fatto che potete relazionarvi con l'altra persona quando arriva con il suo bambino ad un appuntamento. Dite loro che avete un figlio della stessa età e che tornare al lavoro a quell'età è così difficile.

Una volta stabilita la connessione, vorrete stabilire un contatto visivo e continuare a parlare. Puoi offrire all'altra parte qualche lode o un complimento, per fargli sentire che ti interessa sinceramente quello che dicono o quello che pensano. La fregatura qui è che il complimento che fai deve essere genuino, e lo devi intendere.

Infine, se volete essere simpatici, dovete rendere chiaro che voi due siete dalla stessa parte. Magari sottolineate che entrambi lavorerete insieme per procurare all'altra persona una macchina. Forse li convincete dicendo che entrambi cercherete di risolvere il loro problema con loro, non importa quale sia. Questo cameratismo impostato rende poi meno probabile che i partner si preoccupino per loro.

Stabilire una connessione → Fare un complimento → Creare un senso di lavoro di squadra

Reciprocità

Il prossimo principio della persuasione è la reciprocità. Quando ti appelli alla reciprocità, effettivamente, stai lavorando con l'atteggiamento che aiuterai chiunque ti aiuti per primo. Rendi chiaro che sei felice di aiutarli se pensi che loro risponderanno in natura. Questo non è neanche lontanamente un diritto come può sembrare all'inizio.

Pensate a come, quando un amico vi compra un regalo, vi sentite come se doveste ricambiare? Questo è implicito allo sviluppo umano - è fatto in modo da sentire il bisogno di ricambiare quando qualcun altro ti offre qualcosa. Questo significa che quando qualcun altro vi ha aiutato, sarete più inclini ad aiutarlo quando ha bisogno di aiuto. Voi salvaguardate efficacemente con i vostri comportamenti altruistici per assicurarvi che sia voi che l'altra parte siate in grado di ricevere nei vostri momenti di bisogno.

Se volete approfittare di questo, per esempio, potreste iniziare a raggiungere qualcuno da cui avete bisogno di aiuto. Forse vuoi che il tuo vicino si prenda cura del tuo cane mentre sei fuori città per una notte. Poi ti offri di fare qualcosa per il tuo vicino. Forse pulisci il suo cortile prima di chiedergli se può prendersi cura del tuo cane per un giorno. Gli fai sapere che tutto quello che dovrà fare è far uscire il tuo cane un paio di volte e tutto andrà bene. Dopo essere stato aiutato da te, si sente obbligato di conseguenza ad aiutarti. Accetta di prendersi cura del tuo cane durante il tuo viaggio, e questa è una cosa in meno per te di cui preoccuparti nei prossimi giorni.

Scarsità

La scarsità si riferisce alla domanda e all'offerta. Effettivamente, più regolare o prontamente disponibile è qualcosa o qualcuno, meno importante è. Lo si può vedere spesso con gli oggetti materiali: gli oggetti in edizione limitata tendono ad essere molto più richiesti dello stesso oggetto in un colore standard. Per esempio, se vuoi davvero l'ultima console di gioco, ma vuoi quella specifica per la tua serie di giochi preferita, probabilmente dovrai trovarla su un sito di vendita dell'usato e sperare di trovarla a un prezzo regolare. Altrimenti, non avrete altra scelta che andare avanti senza quella particolare console.

Questo perché la console normale è comune. È facile da ottenere e quindi non è particolarmente importante per voi, né è considerata preziosa come quella regolare.

Ora, vi starete chiedendo come la domanda e l'offerta possano essere collegate al persuadere qualcuno a fare qualcosa. La risposta è che dovete assicurarvi di essere in grado di convincerli che siete richiesti. Forse trovate che il vostro partner sembra darvi per scontato. Se avete un discorso serio con il vostro partner su come non vi sentite amati o rispettati e, durante questo discorso, menzionate che preferireste essere ovunque ma non lì perché è così estenuante vivere completamente non voluto.

Questo dovrebbe far capire al vostro partner che non sarete sempre disponibili - siete disponibili solo finché vorrete rendervi disponibili, e questo aumenta immediatamente il vostro valore. Puoi fare questo anche con altre persone. Rifiuta il primo tentativo di programmare qualcosa con te e dì che la data non va bene per te. Quando arrivi a un appuntamento un po' più tardi, puoi convincere l'altra parte che vali i soldi che saranno investiti su di te. Vuoi che le persone si sentano come se fossero state fortunate ad averti. Dopotutto, sei unico nel tuo genere: trattati come tale.

Prova sociale

Infine, la prova sociale si riferisce alla tendenza delle persone a soccombere alla pressione dei pari. Questa è effettivamente solo un'affermazione di fantasia e implica che tu scelga attivamente un motivo per decidere di attenerti a ciò che gli altri stanno facendo. Se non sapete cosa dovreste fare, decidete effettivamente di adeguarvi a ciò che vedete intorno a voi. Se vedete che i vostri coetanei stanno ballando in cerchio, ma non sapete perché stanno ballando in cerchio, probabilmente vi unirete a loro senza capire perché, e va bene così. Lo fai comunque e non scoprirai mai il perché.

Quando volete usare questa forma di persuasione in modo efficace, vorrete semplicemente allestire una zona di controllo. Vi ricordate perché a tanti manipolatori piaceva il vantaggio di giocare in casa? È perché sono in grado di manipolare l'ambiente circostante. Anche tu puoi fare così. Per esempio, se vuoi che qualcuno faccia qualcosa per te, assicurati di chiederglielo intorno ad altre persone che stanno attivamente facendo quello che gli hai chiesto di fare in primo luogo.

Per esempio, se vuoi andare in giro a raccogliere firme e donazioni per una causa, vorresti essere sicuro che quelli intorno a te vedano attivamente che stai ottenendo ciò che vuoi. Quando vedono che altre persone stanno firmando e donando, è più probabile che lo facciano, specialmente se riconoscono i nomi, o sentono di dover stare al passo con i loro pari.

Effettivamente, quindi, questo funziona bene per tenere le persone in riga semplicemente curando l'ambiente intorno a loro.

Retorica

Un'altra serie di tecniche che possono aiutarti a diventare più persuasivo è l'arte della retorica. La retorica è l'arte di parlare o scrivere in modo persuasivo nel tentativo di convincere gli altri a vedere le cose a modo tuo. Risalendo ai tempi di Aristotele, l'antico filosofo greco, se siete in grado di formulare i vostri argomenti con la retorica, potete assicurarvi di rivolgervi ad altre persone in un modo che sia convincente e difficile da rifiutare o ignorare.

In particolare, la retorica coinvolge tre metodi distinti di persuasione - queste sono tre tecniche che sono comunemente usate per assicurarsi che l'altra persona sia disposta ad accettare il tuo suggerimento. Questi sono comunemente indicati con i loro nomi greci di Ethos, Pathos e Logos.

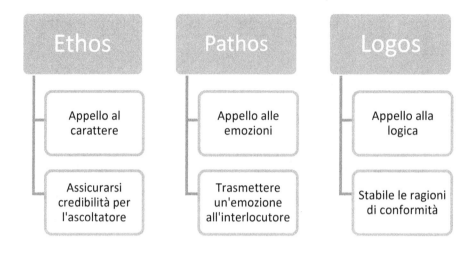

Ethos

L'ethos è un appello al carattere. Si concentra sull'assicurarsi
che colui che presenta tutte le informazioni per l'ascoltatore sia
visto come credibile. Se l'oratore non è credibile, nessuno
crederà in quello che ha da dire, il che significa che i suoi
tentativi e le sue tecniche saranno particolarmente inutili. Dopo
tutto, non potete chiaramente convincere qualcun altro a fare
qualcosa se non si fida di voi. Questo è essenzialmente molto
simile all'appello all'autorità nei principi della persuasione.

L'ethos può essere visto principalmente nella pubblicità -
quando si cerca di vendere qualcosa, si vuole essere sicuri di
avere qualcuno di credibile come sostenitore del proprio
prodotto, e rimanendo fedeli a questo, spesso si trova che le

celebrità sono comunemente chiamate a promuovere i marchi. Naturalmente, queste persone vengono pagate per il loro tempo e le loro approvazioni, ma l'effetto è innegabile. Per esempio, immaginate un personaggio sportivo locale che dice chiaramente che beve sempre una particolare marca di soda senza sbagliare. La prossima volta che hai voglia di una bibita, se sei un fan di quella particolare persona, potresti scoprire che è molto più probabile che tu prenda quella stessa marca di bibite semplicemente perché la tua mente inconscia vuole emulare qualcuno a cui sei affezionato.

Questo funziona proprio perché le persone ammirano gli altri, e quando ammirano qualcun altro, vogliono emularlo. Le persone vogliono naturalmente essere come le persone che ammirano o apprezzano in qualsiasi modo, e per questo motivo, saranno più propensi a prendere decisioni basate su quegli individui stimati.

Pathos

La prossima forma di retorica che è comunemente usata è il pathos - questo è un appello alle emozioni. Si tratta effettivamente di trovare un modo per stabilire un'emozione nei vostri ascoltatori nella speranza di farli agire nel modo che volete. Puoi far sentire qualcuno triste o colpevole per indurlo a donare. Si può cercare di far arrabbiare qualcuno per farlo agire. Puoi cercare di far sentire qualcuno felice per incoraggiarlo ad apprezzare qualsiasi cosa tu stia promuovendo.

In definitiva, le emozioni sono così potenti proprio perché sono destinate ad essere motivanti. Vi sentirete naturalmente portati ad agire secondo le vostre emozioni semplicemente perché è per questo che sono lì. Le vostre emozioni sono effettivamente il modo in cui la vostra mente inconscia interagisce con il vostro corpo, creando impulsi emotivi che hanno lo scopo di tenervi in vita. Potete provare paura quando siete inseguiti da un leone di montagna affamato, o rabbia quando qualcuno vi minaccia - questo perché le vostre emozioni hanno lo scopo di aiutarvi a sopravvivere, e quando siete arrabbiati, è più probabile che vi difendiate, o quando siete in pericolo, dovete essere in grado di agire in un modo che vi mantenga in vita.

Creando le emozioni necessarie, di solito potete iniziare a persuadere coloro che vi circondano ad agire, come volete o avete bisogno che facciano. Se avete bisogno che qualcuno sia arrabbiato e agisca, trovate il modo migliore per infondere quella rabbia. Se hai bisogno di aiuto, trasmetti un senso di obbligo o di colpa. Se hai bisogno di mantenere qualcuno compiacente, vuoi che si senta soddisfatto e rilassato.

Molto spesso, le persone infondono queste emozioni attraverso storie, citazioni e un linguaggio vivido. Per esempio, se siete ad una raccolta di fondi a beneficio di un ospedale per bambini che vede un gran numero di pazienti con il cancro, vi possono essere raccontate storie di come essere su quel piano sia il peggior incubo di un genitore e che a volte, quello che vogliono più di ogni altra cosa è vedere i loro figli fare qualcosa di normale - vogliono quel senso di normalità a cui aggrapparsi perché non sanno se porteranno i loro figli a casa alla fine del viaggio, e alcune persone sanno per certo che non porteranno i loro figli a casa. L'oratore può coinvolgere foto di bambini malati e genitori singhiozzanti, il tutto progettato per rendere il pubblico triste o colpevole, specialmente se hanno i propri figli a casa. Nel loro senso di colpa e tristezza per quei genitori nella storia o nella presentazione, più persone sono disposte a donare.

Logos

Un appello alla logica e alla ragione è la forma finale della retorica. Con il Logos, state cercando di stabilire il maggior numero possibile di ragioni che non possono essere negate per fare qualsiasi cosa stiate chiedendo. Puoi indicare i numeri e i fatti che supportano ciò che stai chiedendo, o altrimenti usare studi che sostengono la tua opinione. Coloro che usano il Logos hanno la tendenza a gettare quanti più dati possibili sull'altra persona, sperando che qualcosa si attacchi.

Tra le forme di persuasione, questa può sembrare la più valida - dopo tutto, come si fa a falsificare statistiche e studi? Tuttavia, il problema con questa forma di persuasione può sorgere nel fatto che è incredibilmente facile fraintendere o abusare delle statistiche, specialmente se queste statistiche non sono state verificate, o l'ascoltatore non sente il bisogno di metterle in discussione.

Per esempio, considerate la differenza tra correlazione e causalità - potete presentare due diverse statistiche come correlazione, ma molte persone assumeranno immediatamente che c'è causalità, nonostante il fatto che potrebbe non essercene affatto e le somiglianze nelle statistiche potrebbero essere solo coincidenze. Forse la forma più facilmente immaginabile di questo è considerare che quando le vendite di gelati aumentano, aumenta anche il tasso di crimini violenti.

Per qualcuno che non ha familiarità con le statistiche o la correlazione contro la causalità, potrebbe automaticamente assumere che il gelato e il crimine sono collegati. Tuttavia, entrambi sono semplicemente il risultato dell'aumento della temperatura. Le vendite di gelato tendono a salire durante i caldi mesi estivi, ma anche il crimine sale, perché il caldo rende il carattere delle persone più duro che mai. In realtà non sono affatto collegati, a parte il fatto che entrambi hanno la stessa causa principale.

Capitolo 5: Influenzare gli Altri con la Scienza della Psicologia Persuasiva

Finora, abbiamo discusso a fondo i concetti e le tecniche che stanno dietro a come persuadere gli altri, ma non abbiamo effettivamente guardato all'atto di essere persuasivi. La persuasione non è solo teoria, e mentre la teoria è importante, ci dovrebbe essere anche un'uguale, o maggiore, considerazione per i metodi attraverso i quali si può essere persuasivi. Questi metodi utilizzeranno i principi della persuasione e della retorica, ma serviranno anche come istruzioni su come essere persuasivi in generale. Non si può semplicemente dire che si deve fare appello alle emozioni e poi lasciar perdere - ci sono altre tecniche persuasive che esistono.

Dedicheremo un po' di tempo a guardare come la persona influenzata prende la persuasione offerta. Vedrete perché e come questi metodi funzionano e come usarli. Considererete esattamente come potete influenzare le decisioni che altre persone prendono senza dover costringere o forzare l'altra parte a fare ciò che state chiedendo. Invece, vi concentrerete sul modo migliore per convincerli che dovrebbero avere una certa mentalità o prendere una certa decisione.

All'interno di questo capitolo, darete un'occhiata a come si costruisce la psicologia persuasiva, in particolare guardando il leader emotivamente intelligente, che è in grado di raccogliere seguaci con facilità, e poi estrapolando oltre quel particolare individuo anche ad altri. Vedrete come l'intelligenza emotiva incoraggia le persone a diventare gli individui persuasivi che sono senza mai dover costringere o forzare. Dopo aver dipinto lo sfondo di ciò che la psicologia persuasiva utilizza, sarete guidati attraverso quattro diversi metodi che potete usare per assicurarvi di poter persuadere gli altri a fare ciò che volete. Mentre procedete, tenete a mente che una delle differenze più significative tra la persuasione e la manipolazione è che chi viene persuaso può sempre scegliere di non fare ciò che gli viene richiesto. Il persuasore onora il libero arbitrio, e mentre il persuasore può cercare di guidare l'individuo verso ciò che vuole, non avverrà mai in modo forzato. Dire di no alla richiesta è ancora una risposta accettabile.

Psicologia persuasiva e influenza

Considerate, per un momento, la persona più influente che conoscete personalmente. Potrebbe essere qualcuno con cui interagite regolarmente, un insegnante, un capo o un amico. Cosa li rende così influenti? La risposta potrebbe non essere che sono intelligenti, divertenti o belli, ma piuttosto che sono emotivamente intelligenti.

Gli individui emotivamente intelligenti tendono ad avere molte più probabilità di convincere altre persone a fare ciò che vogliono o di cui hanno bisogno semplicemente perché sanno come presentarsi. Sanno come interagire al meglio con gli altri e sono in grado di percepire il modo migliore di procedere. È interessante notare che molte delle azioni che l'individuo emotivamente intelligente usa per cercare di persuadere gli altri si allineano quasi perfettamente con i principi della persuasione e con la retorica. Sanno come utilizzare queste particolari tecniche quasi istintivamente, e il risultato finale è qualcuno che è incredibilmente abile nella persuasione.

Questo porta anche questi individui emotivamente intelligenti ad essere quelli a cui gli altri si rivolgono per essere guidati. Se sapeste che il vostro amico sembra sempre prendere la decisione giusta, dopo tutto, probabilmente andreste da lui ogni volta che vi sentite come se foste a un bivio e non foste sicuri di cosa fare dopo. Questo semplicemente perché vi fidate del giudizio di quell'amico e sapete che non vi porterebbe fuori strada.

Effettivamente, quindi, la vostra capacità di essere persuasivi con altre persone aumenterà naturalmente semplicemente imparando ad essere emotivamente intelligenti. Questo è forse il modo migliore per aumentare naturalmente la vostra persuasività senza dover pensare coscientemente a come persuadere gli altri. Quando dovete pensarci, però, il modo migliore per capire come persuadere qualcuno è capire l'approccio migliore.

Stai cercando di portare qualcuno a una decisione che richiede che tu sia autorevole? Questo potrebbe essere se stai cercando di vendere qualcosa a qualcuno. Stai cercando di convincere un amico a farti un favore? Potresti voler usare un appello emotivo per farli sentire come se avessero bisogno di aiutare qualcuno a cui tengono. Volete far sì che un'intera folla scelga un'azione che state cercando di spingere? Se è così, potresti voler usare parole e storie cariche nel tentativo di farli motivare tutti allo stesso modo. Avete bisogno che una singola persona vi faccia un favore? Inizia a chiedere se puoi aiutarli.

Come potete vedere, ci sono diverse tecniche che devono essere usate in ogni momento per rendere il vostro messaggio più persuasivo. Tuttavia, è necessario essere in grado di capire il modo migliore per convincere le altre persone. È possibile semplificare l'atto di capire come meglio convincere qualcuno a fare qualcosa in pochi passi. In primo luogo, inizierete identificando il bersaglio della vostra persuasione. Poi, devi capire la natura della persuasione che userai - stai persuadendo qualcuno come un'autorità che dovrebbe essere ascoltata o come qualcuno che merita aiuto? Poi, devi capire come ottenere al meglio ciò che speri di ottenere e, infine, devi usare i metodi e le tecniche che hai deciso.

Creare un appello ai bisogni

Cosa ti spinge ad agire nella tua vita per sopravvivere? Non stiamo parlando di cose che vi piacciono in questo momento, ma piuttosto, cosa vi spinge più di ogni altra cosa? La risposta a questo è un bisogno: i vostri bisogni vi motivano ad agire per soddisfarli. Sarete sempre motivati a trovare cibo quando avete fame, per esempio, o a trovare un riparo quando avete troppo freddo.

Questo perché avete dei bisogni umani fondamentali da soddisfare che vi tengono in vita. I tuoi bisogni possono variare da quelli fisici per mantenerti in vita fino a quelli di sentirti appagato, e in definitiva, questi motivatori sono incredibilmente convincenti.

Prima di addentrarci nella creazione e nell'attrazione dei bisogni, fermiamoci a ripassare la gerarchia di base dei bisogni. Date un'occhiata alla piramide qui sotto: come potete vedere, alla base ci sono i bisogni più importanti. Sono i bisogni di cibo, acqua, aria, riparo, calore e riproduzione. Sono i bisogni minimi per rimanere in vita e riprodursi che è l'imperativo biologico. In generale, dovete soddisfare i tre livelli inferiori di bisogni prima di poter iniziare a lavorare su voi stessi.

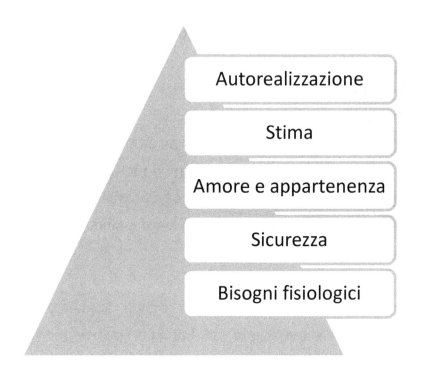

Ognuna di queste categorie gestisce diversi tipi di bisogni per voi, e in definitiva, le persone si sforzano sempre di fare meglio e passare da una all'altra. Queste categorie comprendono bisogni come:

- **Bisogni fisiologici**: Il bisogno di sopravvivere ed essere sani fisicamente - cibo, acqua, aria, riparo, riproduzione, calore, ecc.

- **Bisogni di sicurezza**: Il bisogno di sentirsi sicuri e protetti, come il bisogno di un accesso costante alle risorse e alla salute.

- **Bisogni di amore e di appartenenza**: Il bisogno di sentire di appartenere agli altri - questo è l'amicizia, l'intimità e il senso di connessione con gli altri.

- **Bisogni di stima**: Questo è il bisogno di rispetto e riconoscimento.

- **Bisogni di auto-realizzazione**: Questo è il bisogno di essere la migliore persona possibile.

In definitiva, le persone sono sempre alla ricerca del massimo - l'autorealizzazione. Tuttavia, non si può lavorare verso l'autorealizzazione se si è affamati o insicuri. Avete bisogno di assicurarvi i bisogni più bassi prima di poter lavorare al top.

Quando volete creare un bisogno che potete usare, potete scoprire che a volte, identificare un bisogno già esistente può essere più facile. Tuttavia, potete anche creare un senso di urgenza per soddisfare uno di questi bisogni. Per esempio, immaginate di vendere un'auto. State davvero lavorando per persuadere qualcuno a prendere un'auto molto specifica, anche se sapete che non è particolarmente interessato ad essa. Un modo per creare un appello a un bisogno è quello di menzionare che l'auto a cui le persone sono interessate non ha le migliori valutazioni in termini di sicurezza. Si fa notare che l'auto è nota per le sue prestazioni inferiori agli incidenti, e che quella per cui si sta spingendo tende ad essere più sicura semplicemente perché è più grande e più robusta, o ha migliori valutazioni di sicurezza.

Facendo appello a questo bisogno di sicurezza, è più probabile che li convinciate a comprare quella particolare auto. Se non sono preoccupati per la sicurezza, si può fare appello a un bisogno di appartenenza - si può sottolineare che anche altre persone tendono a preferire quell'auto che si vorrebbe vendere rispetto a quella a cui sono interessati e fornire le prove per sostenere questa affermazione.

Parole cariche

Un altro metodo comunemente usato per persuadere altre persone è attraverso l'uso di un linguaggio carico. Vuol dire usare parole o un linguaggio che ha connotazioni molto specifiche nella speranza di cambiare il modo in cui l'altra persona percepisce ciò di cui si sta parlando. In effetti, state usando parole che tipicamente attirano l'attenzione o sono viste come bonus particolarmente vantaggiosi.

Immaginate che state cercando di vendere una nuova marca di alimenti per bambini. Avete lavorato duramente per sviluppare l'immagine del cibo, ma vi rendete conto che le persone di solito non comprano un cibo di cui non sanno nulla - tendono ad andare su marchi fidati che conoscono e di cui possono fidarsi, che siano sicuri o che forniscano ciò che volevano. Potresti essere bloccato cercando di capire come meglio entrare sul mercato e convincere le persone a comprare.

Uno di questi metodi per convincere gli altri è attraverso l'uso di parole e immagini cariche. Vorrai assicurarti di utilizzare costantemente parole o immagini che siano percepite come fortemente positive. Per esempio, pensate a cosa vogliono i genitori per i loro bambini appena nati. Potreste riconoscere che la maggior parte dei genitori vuole assicurarsi che i loro bambini siano felici e sani e che non siano esposti a sostanze chimiche o altri additivi che potrebbero farli ammalare o causare una reazione. Dopo tutto, si ritiene che i bambini siano incredibilmente fragili, e per questo motivo, i genitori tendono a fare di tutto per assicurarsi che i loro figli abbiano solo il meglio.

Si può, quindi, decidere di fare appello a quel desiderio di prodotti completamente naturali. Spingete la vostra campagna pubblicitaria per sottolineare che usate prodotti alimentari naturali, biologici, non OGM, con gli ingredienti minimi necessari. Promuovete il vostro cibo come sano e semplice, incoraggiando i genitori a essere più inclini a comprare semplicemente perché sanno che possono leggere tutti gli ingredienti sull'etichetta.

Effettivamente quindi, quando volete usare un linguaggio carico, state facendo appello all'emozione. State facendo sentire qualcuno come se stesse facendo la scelta giusta nel decidere di andare con qualsiasi cosa stiate chiedendo loro di usare. Questo significa che siete più abili a far sì che le persone vedano le cose a modo vostro e più abili a persuadere semplicemente perché sapete come attivare le emozioni. Sceglierete sempre il linguaggio carico che attiverà i sentimenti che vi servono e su cui giocare..

Pregiudizi dell' ancoraggio

Un pregiudizio di ancoraggio è un pregiudizio cognitivo che finisce per essere incredibilmente influente. In effetti, si vuole far sembrare qualcosa una buona idea o un piano semplicemente facendolo sembrare ragionevole rispetto al punto di ancoraggio. Quando si fa questo, si sta generalmente impostando un punto di ancoraggio che si usa come punto di riferimento per qualsiasi cosa si stia cercando di persuadere qualcun altro a fare.

Questo è meglio compreso quando si guarda alla negoziazione della retribuzione. Potresti chiedere un aumento durante la tua prossima revisione al lavoro. Forse vuoi un aumento del 10% per la produttività che hai messo in campo e il livello al quale sei in grado di mantenere i clienti di valore. Hai capito esattamente perché e come vuoi argomentare questa particolare cifra, ma tutto ciò che rimane è la presentazione dell'argomento. Dovete esporre le vostre informazioni in un modo che le faccia sembrare realistiche o ragionevoli.

In una trattativa, è risaputo che raramente si accetta la prima offerta - di solito si è in grado di fare una controfferta, e poi ci si incontra a metà strada. Questo significa che se chiedi subito un aumento del 10%, le tue possibilità di ottenerlo sono scarse. Tuttavia, se si è in grado di impostare un punto di ancoraggio che fa sembrare ragionevole quell'aumento del 10%, si può effettivamente avere una possibilità.

Il modo migliore per farlo è chiedere sempre di più. Potresti andare a chiedere un aumento del 15 o 20%, sapendo che la cifra sarà ridotta. Quando chiedete al vostro capo quell'aumento, probabilmente sarete stroncati immediatamente, seguiti da una controfferta del 5-10% semplicemente perché il vostro prezzo originale era così alto. Questo significa che l'altra parte si sentirà più incline a dare quello che volevi originariamente, dato che è ancora molto meno di quello che avevi chiesto inizialmente.

Alla fine, ottenete il vostro aumento del 10%, il tutto chiedendo molto di più di quanto eravate effettivamente interessati.

Sparando subito in alto, fai sembrare ragionevole tutto quello che viene dopo.

Lo si vede anche durante la determinazione dei prezzi di vendita. Diversi negozi hanno strategie di vendita che implicano l'aumento dei prezzi solo per scontarli di nuovo al valore di mercato. Questo significa che si vede che si sta ottenendo uno sconto del 20-30%, ma solo perché i prezzi sono stati gonfiati del 20-30% in principio. Alla fine della giornata, state pagando il valore di mercato, ma vi sentite meglio perché il punto di ancoraggio del prezzo pieno vi sembrava molto di più.

Chiedi prima cosa puoi fare per l'altra persona

Forse una delle tecniche più semplici che puoi usare per convincere qualcuno a fare qualcosa per te è fare appello alla reciprocità. Le persone si sentono naturalmente inclini a restituire i favori quando li hanno ricevuti per primi, e si può usare questa tendenza per influenzare altre persone a fare qualsiasi cosa si voglia o si abbia bisogno che facciano. Potreste essere in grado di convincere qualcuno a fare un turno per voi al lavoro semplicemente coprendo la sua pausa pranzo prolungata, per esempio.

Questa è una tecnica popolare per i leader emotivamente intelligenti. Si fanno sembrare completamente concentrati sul far sentire meglio qualcun altro nel fare un favore offrendosi di farne uno per primo. Potreste scoprire che avete un amico che è sempre felice di aiutarvi o è il primo a offrirsi volontario quando esponete un problema.

I leader emotivamente intelligenti si impegnano a fare questo semplicemente perché stabilisce uno standard di cameratismo: fai capire che sei interessato all'altra persona semplicemente offrendoti di tanto in tanto per aiutarla. Non tutti sono disposti a dare una mano quando viene chiesto o è necessario, ma se tu sei disposto a farlo, anche occasionalmente, le altre persone saranno più inclini ad aiutarti quando hai bisogno di un favore.

Dopo esservi offerti, saprete che la persona che avete aiutato sarà più incline ad aiutarvi anche in futuro. Per esempio, immaginate di sapere che avete una vacanza in arrivo e non volete imbarcare il vostro cane. Sapete anche che avete un amico che partirà per un viaggio una settimana o poco più prima di voi e che il vostro amico ha dei gatti. Potresti offrirti volontario per andare a controllare i gatti diverse volte durante il viaggio del tuo amico quando il tuo amico parla di dover cercare qualcuno che venga a prendersi cura di loro. Avranno bisogno di pulire la lettiera un paio di volte e avranno bisogno di cibo e acqua ogni giorno, ma a parte questo, staranno bene da soli. La vostra amica accetta gentilmente e poi vi chiede di farle sapere se avrete bisogno di aiuto nel prossimo futuro. Tu rispondi che avrai effettivamente bisogno di aiuto presto e che hai bisogno di qualcuno che si prenda cura del tuo cane. La tua amica si offre volontaria per tenere il cane a casa sua per qualche giorno mentre tu sei in viaggio, e tu non devi più preoccuparti della pensione del tuo cane perché sai che il tuo cane sarà al sicuro e felice con la tua amica.

Questa tecnica tende ad essere migliore per coloro che hanno bisogno di aiuto da un amico o da qualcuno che conoscono personalmente solo perché comporta un'interazione uno a uno. Tuttavia, si può anche vedere questo giocare su una scala più ampia. Forse sei un manager, e i tuoi dipendenti stanno tutti chiedendo un aumento di stipendio. Tu lo porti ai tuoi superiori, e in cambio, i tuoi dipendenti vedono che tu gli copri le spalle. Quindi fanno un punto per aiutare sempre quando gli viene chiesto di farlo e sono disposti ad andare oltre quando richiesto.

Per approfittare di questa tecnica, è meglio chiedere sempre come si possono aiutare le altre persone quando non è un peso per voi o per quello che dovete fare. Se siete in grado di chiedere sempre agli altri ciò che vogliono o di cui hanno bisogno, potete assicurarvi di instaurare buoni rapporti con le altre persone, e con quel buon rapporto stabilito, sarete molto più in grado di far fare loro qualsiasi cosa di cui avete bisogno.

Conclusioni

Congratulazioni! Siete arrivati alla fine di Manipolazione e Psicologia Oscura. Nel corso di questo viaggio, ti sono stati forniti diversi metodi attraverso i quali potresti controllare la mente di altre persone, sia attraverso l'influenza, la manipolazione o la persuasione. Ognuna di queste tattiche ha i suoi usi in certi contesti, e dato che sei pronto ad intraprendere il tuo viaggio oltre questo libro, potresti anche avere alcune idee su come vorresti maneggiare le informazioni contenute all'interno.

In tutto questo libro, vi sono stati forniti consigli che dovevano essere attuabili. Quando possibile, ti è stata data una guida passo dopo passo, e si spera che tu l'abbia trovata utile mentre ti prepari a portare questi consigli nel mondo reale. Ricordatevi, mentre vi preparate a lasciare questo libro, di mantenere qualsiasi uso delle tecniche in questo libro il più benevolo possibile. Ricordate, le persone hanno diritto al loro libero arbitrio, e mentre può essere divertente pensare all'idea di prendere il controllo di qualcun altro solo per vedere se potete, farlo non è gentile o rispettoso verso le persone che vi circondano. Dovete ricordare di usare le informazioni incluse in questo libro in modo rispettoso e responsabile. Dopo tutto, poco è così prezioso per le persone come il loro libero arbitrio e la loro mente.

Ora, vi starete chiedendo cosa fare dopo con le informazioni che avete letto. Forse non vedete l'ora di provare alcune di queste tecniche, e questo ha senso! Potreste essere curiosi di vedere quanto di questo libro sia effettivamente veritiero. Finché siete disposti ad assumervi la responsabilità di tutto ciò che fate, siete liberi di fare ciò che volete.

Da qui, alcuni posti dove andare dopo potrebbero essere quelli di indagare di più sulla psicologia oscura. Potreste essere interessati ad altre tecniche che possono essere usate per influenzare altre persone.

Qualunque cosa vogliate fare dopo, ricordate l'importanza di rispettare l'integrità delle altre persone quando possibile e di agire in modi che siano responsabili e non abusivi o di controllo. Può essere facile maneggiare questi strumenti come il manipolatore e l'abusatore, ma allora vi siete abbassati ai loro livelli.

Grazie per esservi uniti a me in questo viaggio nella mente inconscia e per aver visto come è possibile accedervi e influenzarla in quasi tutti. Se avete trovato questo libro utile, utile, informativo o benefico in qualche modo, non esitate a lasciare una recensione su Amazon. Il tuo punto di vista e la tua opinione sono sempre molto graditi e apprezzati!

CPSIA information can be obtained
at www.ICGtesting.com
Printed in the USA
BVHW090332040521
606332BV00006B/1080